知ってほしい国
ドイツ

編著 新野守広
　　 飯田道子
　　 梅田紅子

高文研

ベルリン。旧東独時代から変わらずに立つ、世界時計とテレビ塔。
(撮影／五十嵐 豊)

『知ってほしい国ドイツ』にようこそ！

　皆さんはドイツというと何を思い浮かべますか。サッカーでしょうか。ブンデスリーガ（プロサッカーリーグ）には日本人選手が何人も活躍していますね。クルマ好きの方は、フォルクスワーゲン、BMW といったメーカーのブランド車に心を惹かれるでしょう。食べ物ではソーセージ、ビールなどの素材の良さを生かしたドイツ料理に舌鼓を打った方はいませんか。登山やウィンタースポーツに興味のある方は、「シュラーフ」や「ゲレンデ」という言葉がもとはドイツ語だと知って驚かれることでしょう。医学では長い間ドイツ語が使われてきました。今でも「カルテ」などの医療用語にその名残が見られます。

　バッハ、ベートーヴェン、ワーグナーといった作曲家のクラシック音楽と言えば、誰でも聞いたことがある有名な旋律の宝庫ですね。もちろんテクノもクラブも、現代アートも演劇もダンスも文学も、およそ芸術やアートと関係がある分野はドイツと深いつながりがあります。自然科学や人文科学、社会科学を専攻している方は、ドイツの研究機関が提供する研究環境に魅力を感じるでしょう。これからの国と国の関係を考えるとき、ヨーロッパ連合（EU）の未来は大変気がかりですね。たくさんの移民・難民を受け入れたドイツは、これからどうなるのでしょう。

　私たちの何気ない日常生活には、ドイツを手掛かりに社会のあり方を考えるきっかけがたくさんあります。もちろんこうした機会も、私たちが何も知らなければ、見過ごされてしまうでしょうし、たくさんの知識を学んでも考える気持ちを持たなければ、せっかくの宝が生きません。

　本書を執筆した私たちは、皆さんと一緒に考えるきっかけを見つける本をつくりたいと願いました。ドイツの人々の暮らしから始めて、文化、芸術、思想、ナチズム、戦後ドイツ、そして環境問題、原発、移民・難民などの大きなテーマをめぐり揺れる現在のドイツの姿を描きましたが、それは身近な素材やテーマを扱いながら現代社会の諸問題の根幹に触れようと考えたためです。

　さあページをめくって、今のドイツの姿を見てください！

執筆者一同

もくじ

3 『知ってほしい国ドイツ』にようこそ!

Ⅰ 人々の暮らし

8 なぜドイツ人は景観にこだわるのか

12 500年守り続けるビール純粋令

14 ヒトラーの作ったアウトバーン

18 犬は課税、猫は無税のドイツのペット事情

20 有給休暇取得率100%のドイツ人の働き方

Ⅱ 社会と文化

28 悪魔と魔術と革命 ── ゲーテの『ファウスト』より

32 ルターの宗教改革とメディア戦略

36 ルターの結婚と中世の結婚事情

42 オペラの総合プロデューサー・ワーグナーの功罪

48 世界都市ベルリンの誕生

52 映画のはじまり

54 ヴァイマルという「戦後」を生きる
── クラカウアーにおける第一次世界大戦の経験と記憶

60 ドイツ革命の闘士、ローザ・ルクセンブルクの生涯

64 ドイツ映画の黄金時代

Ⅲ 社会と文化 ── 第二次世界大戦後

68 東西分断時代のドイツ

76 移民が変えたドイツのサッカー

78 ドイツ人のリテラシーを支える新聞・雑誌

80 現代舞踊の頂点を極めたピナ・バウシュの世界

84　議論する力を養うドイツの作文教育

88　子どもっぽくない絵本、大人を癒やす絵本

Ⅳ　ナチズムの遺したもの

92　「同化ユダヤ人」という夢
　　　―― 近代ドイツ語圏の社会とユダヤ人

96　なぜナチスはユダヤ人絶滅政策を考えたのか

103　戦後ドイツが取り組んだ「過去の克服」

110　ヒトラーとナチスの表象

117　良心的兵役拒否と徴兵制

Ⅴ　これからのドイツ

126　ドイツの憲法と基本法 ―― ナチ時代の反省に立って

132　「移民社会」に向かうドイツ

138　「難民問題」に取り組むドイツ

144　ドイツはなぜ脱原発を選択したか

150　ヨーロッパはどこへ向かうのか ―― 統合の理念と現状

本書関連地図　156

本書関連年表　160

参考図書　162

人名索引　164

あとがき　166

執筆者一覧　167

本文デザイン・装丁＝細川佳

【「ナチス」関連の表記について】

ナチ党：Nationalsozialistische Deutsche Arbeiterpartei（国民社会主義
〔または国家社会主義〕ドイツ労働者党）、略称NSDAP。
「ナチ Nazi」はもともと政敵によって用いられた蔑称であり、「ナチス
Nazis」は、ナチ党員、国民社会主義者をあらわすNationalsozialistを省略
した形の複数形。現在では蔑称でなくとも用いられる。本書では、形容詞
として使うときは、「ナチス党」「ナチス時代」ではなく、たとえば「ナチ党」
「ナチ時代」などのように表記することとする。

I 人々の暮らし

ロマンティック街道の起点の町、ヴュルツブルクにて。
広場に面した市庁舎のレストランで食事を楽しむ人々
　　（撮影／五十嵐豊）

なぜドイツ人は景観にこだわるのか

　ドイツの町と言えば、カラフルな屋根に木組みの家が思い浮かぶ人が多いだろう。この漆喰地に木の構造があらわになった外壁が特徴の木組みの家は、ドイツ南部に多い建築様式だが、レンガとゴシック様式を組み合わせた北部の家々も美しい。そしてどの町を訪れても印象に残るのは、おとぎ話の世界を思わせる町並みに、一定の美しさや統一感が見られることだろう。町によって景観の質に大きな差がある日本に比べるととても魅力的だ。石畳が敷かれた道、屋根の色、高さや向きが揃えられた装飾性の高い家々、その窓辺には花が絶えず飾られ、街路には緑があふれている。日本でもよく知られた観光ルートの一つであるロマンチック街道[注1]にも、そんな美しい町が並んでいる。しかし1000年を超える歴史を有するこれらの町が今日でも中世的な景観を残しているということは、建物の外観のみならず、建築物の密度や道幅も中世の古い尺度で作られたままであることを示している。歴史的景観の維持と、自動車や電気エネルギー、情報ネットワークといった現代のインフラストラクチャーの整備という真逆の要請に、町はいかに対応しているのだろうか。

◆町の成り立ち

　ドイツの町の多くは古代ローマ時代の植民地として、あるいはキリスト教布教の拠点として成立してきたため、町の作りは似通っている。典型的な中世の町では、まず尖塔や鐘を備えたキリスト教の教会が建てられ、その前にマルクト広場（Marktplatz）ができる。この広場には定期的に市（Markt）が立ち、日用品が売買される。祭りもここで行われ、住民の交流の場となる。この広場に面して市庁舎や公的施設が建てられ、その周辺に住居が広がる。そして町の原点ともいえるこの区域を囲むようにして、市壁が建てられた。この壁は低くとも人の背丈以上の高さがあり、外敵への備えとして、いわば「城塞（Burg）」として機能していた。ドイツの都市名に多い「……ブルク（burg）」はこれに由来し、その町が言わば城塞都市であったことを示している。またこのBurgの内側に住む人々が「市民（Bürger）」とみなされたのであった。

I　人々の暮らし

空から見たネルトリンゲンの街 (© Wikimedia Commons / Wolkenkratzer)

　壁の内側の地域は、今では旧市街と呼ばれ、その歴史的景観の美しさから観光地となっている。しかし旅行者がドイツ鉄道 (DB: Deutsche Bahn) でたどり着く中央駅から旧市街区域まではかなり遠く、石畳の街路で重いトランクを運ぶのに苦労することになる。鉄道が開業した1835年前後でもなお、町を強固に囲む防壁は多く残っていた。この市壁の存在と、町の歴史的建築物の維持・保存、用地確保の困難さといった点から、鉄道は市内へと入り込むことはできなかった。中央駅の多くが置かれているのは、今なお旧市街から離れた市壁の外側だ。やがて人口の増加と経済の発展に合わせ、市壁は取り壊され、町は外側へ拡張していった。だがその段階になっても旧市街の町並みは保存され、新市街は常にその外側へと広がっていったのだった。

◆市民意識の形成
　かつて日の出とともに開けられ、日没とともに閉じられた市壁の門 (Tor) は、今では街角の地名にその名残が見られる程度だ。しかしこの壁はかつて「都市」とその「外側」とを隔てる境界であり、その内側に住まうものを「市民」として規定してきた。手工業の親方や裕福な商人といった中世以来の「市民権」を持つ人々に、18世紀には銀行家や貿易商などの経済ブルジョワジー層や、

官吏、聖職者、医師、学者や芸術家らが市民として加わった。とくに後者は教養市民層と呼ばれ、ドイツにおける啓蒙思想の担い手かつ受け手となり、貴族とも、農民や職人とも異なる独自の価値観を築いたのであった。

　やがて19世紀以降、一気に進んだ工業化と経済発展のなかで町の外側との行き来が盛んになるにつれ、家族単位の小規模な人間関係に変化が生じてきた。そこに新たに築かれていったのは、同じ町の住民としての絆である。資本主義に対する自己防衛の一種として、主に労働者による同業者組合、協会、結社といった組織が次々に生まれ、活発な活動をみせた。また日中は働き、夕方以降は余暇を楽しむという労働者の新しい生活様式が都市郊外から農村部へと広がっていった。職住近接、労働時間の短縮、余暇という現代ドイツの生活パターンの原点がここにあったといえるだろう。余暇の時間の価値が高まり、経済目的でない、自発的な社会のネットワークが整っていくにつれて、市壁に囲まれた空間で生活する都市共同体の構成員としての自覚が芽生えてきたのである。

　また余暇のために図書館やオペラハウス、劇場、コンサートホール、美術館、博物館といった文化施設が町ごとに整備されていった。このように、規模は小さくとも一つの町で完結した生活を送ることができる典型的ドイツの都市は、「小さな大都市」とも呼ばれている。地方分権の歴史の長いドイツならではといえよう[注2]。

◆公共意識と環境美化の精神

　こうした歴史を経て根付いた、町の中で生活を営む共同体の一員という住民意識は、今日においても、町の住環境を快適に維持することに大きく寄与している。中世以来の美しい町並みを保つには、様々な面で制限が多い。しかし都市共同体の中で共に生きていくのであれば、個人の事情よりも、公共の利益を優先するべきだという共通認識をドイツの人々は抱いている。行政側もまた、経済や効率だけでなく、居心地の良い住環境と住民の意見を考慮した上で、綿密な都市計画を立てる。その際には、周辺地域の既存の住環境を保全し、景観に悪影響を与えてはならないと法で定められているとおり、古い町並みの景観を保ちながら現代生活と調和する道が模索される。たとえばドイツでは道路に面した建物の表面は公共物であり、住民が勝手に色を変えることができないし、

道路側に洗濯物を干すこともしない。一方で住民は、道路に面した窓をピカピカに磨き、花で窓辺を飾ったり、町並みを整えるコンテストを行ったりする。伝統的な外観を模した建物内部には、現代生活に欠かせないコーヒーショップやファストフード店がテナントとして入っていることも多い。このように住民と自治体が一体となって美しい景観の維持に取り組むことで、中世の姿を残した家々が保たれているのだ。

木組みの家
(© Wikimedia Commons / Doris Antony)

　またドイツでは秩序に則った、整然とした環境が好まれる。生活騒音や臭いへの規制、自動車の乗り入れや速度制限、自転車専用道の整備やレンタサイクルの充実など、町の快適な住環境を保つための政策がとられている。このような住環境保全の意識は、森や河川などの自然環境へも向かう。ごみの減量化や分別、リサイクルシステムが整備され、食の安全性と環境保護の観点から有機農業による農産物（Bio）の製品を扱うスーパーも今や珍しいものではなくなった。自分たちの住まう環境が快適で安全なものであることを求める住民としての連帯意識こそが、ドイツの町を美しく保たせているのである。

（吉村暁子）

注1：ドイツで旅行者向けに設定されている観光ルートのひとつ。ヴュルツブルクから、ノイシュヴァンシュタイン城へのアクセス拠点となるフュッセンまでのドイツ南部を北から南へ縦断するルートで、街道沿いにはローテンブルク、ディンケルスビュール、アウクスブルクなどの中世都市が連なり、効率的に街を訪れることができる。本来はローマ帝国時代にローマ本国と北方とを結ぶために整えられた街道で、中世には交易路となっていた。

注2：人口が100万を超える都市はベルリン、ハンブルク、ミュンヘン、ケルンなどに限られている。

500年守り続けるビール純粋令

◆エール・ビール

ビールは麦芽を煮出した麦汁にビール酵母を加えて発酵させて作る。この発酵を常温に近い状態で行うと、盛んに炭酸ガスを出し、比較的短い時間で発酵が進む。こうして作るビールをエールと呼ぶ。この作り方の方が温度管理も容易で、19世紀まではビールといえばエールだった。（デュッセルドルフ近郊のアルトやケルンのケルシュはドイツ産のエール・ビールの代表である）

このビールに二つの大きな変化が訪れる。14、5世紀ごろに登場したホップである。ホップとは和名をセイヨウカラハナソウという、つる性の植物で、薄緑色の、松ぼっくりを思わせる形をした花を咲かせる。その花（または乾燥させたもの）を麦芽汁に加えると、麦芽の甘みを引き立てる苦味が生まれる。さらに、ホップの効果で、雑菌が繁殖しやすく、長持ちがしないというビールの欠点が改善され、ビール酵母が有効に働くようになり、ビールの泡持ちもよくなる。もともとエール・ビールの生産では、その品質が低いとされていた南ドイツ、とくにバイエルンでは、この地で多く生育するホップの効能の発見でビールの質の良化に成功した。

1516年にドイツのバイエルン公ヴィルヘルム4世がビール純粋令を制定した。「ビールは、麦芽・ホップ・水・酵母のみを原料とする」というこの法律は実に500年間も続いている（貿易障壁とされ、現在ではドイツ国内のみの規定となっている）が、そもそもこの法律は、気候条件に左右されやすいために香草や香辛料や果実などを用いて品質が低下していたビールにホップを用いることで品質の低下を防ぎ、モルト（芽が出始めたばかりの種子を焙煎したもの）に大麦麦芽のみを使うように促して、高価な小麦やライ麦を主要な食糧のパンに向けさせるため、という意味もあったと言われている。

◆ラガー・ビールの誕生

二つ目の変化もドイツのバイエルンで15世紀頃に起こった。出来上がったビールを偶然にも樽につめたまま一冬を過ごさせてしまったところ、琥珀色に

澄んだ、すっきりとした味わいのビールができた。ラガー・ビールの誕生である。エール・ビールと異なり、常温ではなく、低温でゆっくり発酵させる製造方法は、長い冬期に仕込んだり、冬期に切り出した天然の氷や雪を運び込んだ洞窟や氷室を用いていた。この製法は19世紀まで続き、1873年にドイツの技術者カール・フォン・リンデが「アンモニア式冷凍機」を開発したことにより、他にはない色と味わいのあるバイエルンのラガー・ビールが季節と場所を問わず、どこでも作れるようになり、世界に広まった。

　チェコのプルゼニ（ピルゼン）地方を発祥とするピルスナー・ビールはラガー・ビールの代名詞的存在でもあり、日本のビールもこれを範として生産がはじまったが、ピルスナー・ビールはラガー・ビールの元祖ではなく、冷凍技術を利用した製法の最も成功した例である。

　このようにビールという飲み物は温度管理が難しく、雑菌が繁殖しやすいなど、神経質な飲み物である。日本では生ビールは特別扱いされるが、本来ビールは生もののような扱いをされるものである。日本には大手四社のビールが主に出回っているが、世界的に日本の大手と同じ規模のビールメーカーはわずかだという。ドイツでは、煙突が見える醸造所のビールを飲むのが本来の形とされているように、本来ビールは大量生産には向かない飲み物なので、特にビール純粋令を守るドイツには約1200に上る醸造所があって、5000種類以上のビールがあることは当然のことと言えるかもしれない。

◆修道院とビール

　そもそもビールは大麦ばかりでなく、小麦からも作られるが（50%以上の小麦のモルトを用いるビールにやや白濁したヴァイツェンがある）、寒冷地であるドイツの気候は小麦の生育に適さないため、ヴァイツェンなどは高価な部類だ。小麦は殻が柔らかいので粉にしやすく、粘り気や弾力性を出すタンパク質のグルテンが多く含まれていることで、パンやパスタが容易に作られる。一方、大麦は殻が固いことやたんぱく質分が少ないことから加工には不向きだが、繊維質やでんぷんを多く含み、栄養価が高い。食事を制限されている聖職者がビールを「飲むパン」（flüssiges Brot）として効率よく栄養を補給する目的で、その醸造法を伝えてきたのにはこういう理由がある。　　（梶谷雄二）

ヒトラーの作ったアウトバーン

◆ヒトラー以前のアウトバーン計画

　世界のカーレースで証明されている現在のドイツ車の優れたスピードと、速度無制限のアウトバーンの存在とは無関係ではない。ちなみに、アウトバーン（Autobahn）の Auto は自動車、Bahn は鉄道の線路のような軌道を指す言葉で、そういう意味では、自動車専用道路という日本語を思い浮かべて間違いはない。

　さて、速度無制限と言ったが、アウトバーンにも速度制限はある。大型トラックやバスには速度制限があり、路線によって速度制限を設けている区間もあり、アウトバーン全体の約半分が速度無制限で、その他は100km/hとなっている。速度無制限区間のアウトバーンでも、130km/hという推奨速度というものがあるので、実際はポルシェやBMWが200km/hを超えるスピードで走ってはいないが、それでも高速自動車道の半分はアウトバーン、つまり速度無制限である。安全が重視される現代では驚きの事実だが、それだけに、ドイツの自動車には高速で安全に走らせる性能はもちろん環境も必要なのだ。

　アウトバーンはこれだけの自動車のスピードを支えるものとして作られた。当初から飛行機の発着も構想に入っていたので、勾配は原則的に４％以内、舗装の厚みは平均75cmとアメリカの高速道路に比べて約２倍などと、高速走行に適した設計がなされた。結果、速度無制限の走行に叶うだけの路面になったのである。

　飛行機の発着といえば、タイトルの「ヒトラーが作ったアウトバーン」という言葉が軍事目的を匂わせるが、実際はすこし事情が違っていた。アウトバーンの一部が、軍事的に、飛行機の離発着向けに作られたことは確かだが、輸送ということに関しては、アウトバーンは大量の輸送能力を持つ鉄道には適わなかったらしい。

　そもそも鉄道網の整備は19世紀後半、つまり、普仏戦争当時から進められ、そのころからすでに現実的に活用されていた。だから、軍事目的としては鉄道が主体で、とくにアウトバーンのような道路網は必要ではなかった。それでもアウトバーン計画はヒトラー政権誕生以前から存在していたが、やはりその目

的は輸送力云々ではなく、トラックや自家用車などの新たな自動車交通手段を改善し、物資や人の移動の効率化を図り、経済や文化をドイツの勢力が及ぶ領域に浸透させることに主眼があった。

　自動車専用道路の構想、いわゆる、アウトバーン計画はドイツ帝国時代やヴァイマル共和国時代に端を発する。1913年から21年にベルリン郊外に、28年から32年にケルン―ボン間に自動車専用道路が完成した。「アウトバーン」の名称はこのころ生まれた。しかし、自動車の普及率の問題や当時の政治家の不見識のために、前者の道路は9km、後者のケルン―ボン間は35kmが完成しただけに終わった。

◆アウトバーンの設計思想

　アウトバーン建設が本格化するのはもう少し遅れる。1929年の世界大恐慌の余波を被ったドイツも深刻な不況に陥り、その結果生まれた約600万人もの失業者対策のためにアウトバーン建設が公共事業として進められた。さらに、1932年から33年にかけての選挙で、ナチ党のアドルフ・ヒトラーが、失業率を下げる、という選挙公約を掲げて選挙戦を戦い、政権奪取後、公約実現に向けて政策を進めていった。

　そして、1933年、政権を奪取したヒトラーは、さらに低所得者層でも休みの日には家族を自動車に乗せてドライブに出掛けるような暮らしを提唱し、乗用車の普及と自動車道路網の構築を進めた。そのためにヒトラーは一般の国民の手の届くような車がなければならないとして、国民に安価に自動車を提供することを考えた。ヒトラーの考えは、「自動車が金持ちの階級だけのものである限りは、貧富の差を象徴するものでしかない。本当の意味で国家を支えている大多数の国民大衆が持ってこそ、自動車は文明の利器となり、素晴らしい生活を約束してくれるものとなる。そのためにも一家には一台の自動車がなければならない。」というものだった。

　1933年2月11日、国際自動車オートバイ展覧会を開催して、その場でモータリゼーションと自動車道路網の構築が公約された。その一つが「国民車（Volk＝国民＋Wagen＝車）」の構想だった。ヒトラーはこの目的に叶う自動車の設計を、当時すでに自動車のデザイナーとして活躍していたフェルディナン

フランクフルトのアウトバーン５号線 (© Wikimedia Commons / Vladislav Bezrukov)

ト・ポルシェに依頼した。ポルシェはその依頼を受けて、10カ月で「国民車」のプロトタイプを完成させた。このときに完成した自動車は実用化されず、アウトバーンも試走しただけだったが、現在のフォルクスワーゲンはこの時の自動車に端を発している。

　モータリゼーション構想のもう一つ、「帝国アウトバーン」計画の実現のために、1933年にヒトラーは「帝国アウトバーン建設に関する法律」を制定し、道路総監に古参のナチ党員で土木技術者のフリッツ・トートを任命した。道路総監は総統直属の最高官庁とされたことからすると、この計画は重要視された政策だったと考えられる。トートは、ヴァイマル時代の高速道路計画をもとに建設計画をまとめ上げ、1933年９月23日、ヒトラー臨席のもと、鍬入れ式を行った。このときのアウトバーン建設工事の特徴は、大型の重機は極力用いず、多数の失業者を雇用して、人の手の加わる部分を多くして失業対策効果を狙ったことや、建設に手間は掛かったが、長期的に見て耐磨耗性に優れるコンクリート舗装を主に採用したことである。アウトバーン建設に携った労働者は34年が８万5000人で、36年の13万人が最高だった。

　失業者対策としては意外に規模が小さい。すでに述べたように、失業者対

策としてのアウトバーン計画は経済的な効果よりもプロパガンダに利用され、「新しいドイツの建設」というナチスの標榜する国民意識の高揚に大きく寄与した。アウトバーン計画は失業者対策の一環ではあっても中心ではなかった。モータリゼーションという新しい文化の構築に向けて前進する政府の姿勢を見せて、国民の意識を高めるという目的のために実行されたのである。こうして第二次世界大戦で中止される1942年までに3860kmが完成した。飛行機の発着に利用する計画については、第二次世界大戦中、駐機させる場合は連合軍の空襲を避けてトンネルや森の中に航空機を隠し、発着の際には実際にアウトバーンを滑走路代わりに利用することがあったようである。第二次世界大戦中、連合国による激しい爆撃に晒されたアウトバーンは多くの部分が破壊された。しかし、戦後西ドイツ地域の区間は早急に修復が行われ、現在アウトバーンの総延長距離は1万3000kmに及ぶとされている。

　アウトバーンに関してもう一つ注目しておきたい点は全体のデザインである。アウトバーンは世界初の本格的高速道路ネットワークだったが、計画の責任者フリッツ・トートはダルムシュタット—ハイデルベルク間のアウトバーンを見たとき、直線的で無味乾燥なデザインに落胆した。そこで、トートは建築の専門家はもちろん、造園業者までも入れたチームを作り、自然環境と人の生活が調和し、ここから文化的な価値が生まれるような構造物にしようという統一したコンセプトのもとでアウトバーンを建設した。それは曲線を用いた緩やかなカーブのラインを用いて、近代的であると同時に、柔らかな印象の橋梁や高架橋をデザインして、自然の景観と調和する道路建設へと結実した。

　こうして利便性と自然環境との調和を図る全体像を意識しながら設計されたアウトバーンは、戦後のドイツばかりか、世界各国の多くの高速道路に取り入れられた。さらに長距離走行を考慮して、ガソリンスタンドやトイレなどを備えたパーキングエリアもすでに設置されていた。これらの基本のコンセプトが、後年、ドイツを世界でも一、二を争う自動車大国に導いたことは言うまでもない。

（梶谷雄二）

犬は課税、猫は無税のドイツのペット事情

◆ペット保有率の高いドイツ

　ドイツでペットとして飼われている犬猫の数は約2080万頭（2015年の統計）で、頭数は日本とほぼ同じである。ただドイツの人口は日本の70％弱なので、ペット保有率としてはかなり高いことがわかる。ちなみに犬猫の内訳でいうと犬が約790万頭、猫が約1290万頭で、猫が犬を上回っている（日本は犬が991万頭、猫が987万頭でほぼ半々）。子どものいないカップルや都心部に住むシングル層は猫を飼う率が高いのに対し（多頭飼いも少なくない）、郊外の一軒家に住むファミリー層は犬を飼う場合が多いようである。

　たとえばドイツ人が犬を飼おうとする場合、特定の犬種を子犬から育てたいときは専門のブリーダーから、犬種にこだわらない場合はティアハイム（Tierheim）と呼ばれる民間の動物保護施設からというのが一般的である。いわゆるペットショップはドイツにもあるが、それらはペットフードやペット用品の販売がメインであり、日本のように子犬を直接売っているショップは稀である。店舗で生体販売をするには動物管理に関する厳しい規制があり、その条件をクリアするにはかなりの投資が必要だからである。

　またペットショップでの犬猫販売には動物愛護団体からの反対も大きく、ドゥイスブルク（Duisburg）にある世界最大のペットショップ、ツォー・ツァヤック（ZOO ZAJAC）が2012年に子犬の販売を始めた際には、国内に大きな議論を引き起こした。さらに最近では、東ヨーロッパから安値で持ち込まれる子犬の不法販売も社会問題となっている。

◆犬は贅沢、猫は贅沢ではない？

　ティアハイムについて少し詳しく見てみよう。ドイツのティアハイムの中でもっとも有名なものは、ヨーロッパ最大規模の広さと恵まれた設備を誇る、ティアハイム・ベルリン（Tierheim Berlin）である。この施設は、理想的な動物保護施設として日本のメディアでもしばしば取り上げられている。ここでは年に1万2000匹の動物たち（犬、猫、うさぎ、鳥など）が120人の専任職員（そのう

ち16人は獣医）によって世話されている。年に800万ユーロ（約9億円）かかる施設維持費のうち、ベルリン州からの収入は60万ユーロのみで、1日に約1万2000ユーロかかる運営コストは、1万5000人の会員からの会費（年に1人20ユーロ）と1万人の寄付者（個人及団体）からの援助によって賄われている。ティアハイムから犬を譲り受ける場合、マイクロチップ代、去勢手術代、予防接種代等を含めて1頭250ユーロほどの実費は引き取り手が支払うが、その金額に見合うだけの世話がなされていると言えよう。

犬税の登録証
（Hundesteuermarke、撮影／佐伯 啓）

　ティアハイム・ベルリンの場合は成功例であるが、基本的にティアハイムは寄付やボランティアによって成り立っている施設なので、ドイツ全土にある他のティアハイムはどこも苦しい経営状態にあるようだ。ドイツには犬税（Hundesteuer）があるのでその財源をまわせばいいのではと思うが、ティアハイムは民間施設ということもあり、うまく連携はされていないようである。

　ちなみに犬税とは犬の飼い主に課せられる地方税で、住む地域や犬種、頭数によって税額が異なる（我が家のゴールデンレトリーバーの場合、住んでいた市では年に90ユーロだった）。犬税は元々贅沢税で、40年ほど前まではヨーロッパのどの国にもあった。その後多くの国では廃止されたが、ドイツを始め、オーストリア、オランダなどにはまだ存在する。なぜ猫は無税で犬だけが課税されるのかと、ドイツ国内でもよく議論されている。ティアハイムの運営や犬税の是非など、ペットや動物保護に関する問題は、動物愛護の先進国ドイツにおいても政治的課題のひとつとなっている。　（佐伯 啓）

有給休暇取得率100％のドイツ人の働き方

◆働かない国ドイツ？

　第二次世界大戦後の荒廃から見事に復興を遂げ、共に先進国の地位にまで登り詰めた日本とドイツ。長らくアジア経済をリードしてきた日本に対し、ドイツは近年、いわゆるギリシア危機やユーロ危機を回避する上で中心的な役割を演じるなど、両国はそれぞれ世界の経済分野において大きな存在感を示している。2015年の世界のGDP（国内総生産）ランキングを見てみると、第1位にアメリカ、第2位に中国、そして第3位と第4位に日本とドイツがそれぞれつけている。この結果を見る限り、日本は今日の世界において第3位、ドイツは第4位の経済力を持つととらえることができよう。

　しかし、労働に費やす時間という観点で比較してみた場合、非常に興味深い事実が浮かび上がる。経済協力開発機構（OECD）が37カ国を対象にその国の就業者の年間平均労働時間（2015年）を調査したところによると、日本が年間平均1719時間で37カ国中22位であるのに対し、ドイツは1371時間、全体の最下位という結果となった。かつては「ワーカホリック」（Workaholic／仕事中毒）などと盛んに揶揄されていた日本であるが、週休二日制の浸透や労働形態の変化なども手伝って、近年は働き過ぎを抑制する傾向にあるようだ（その一方で、統計には反映されていない残業や超過労働を苦にしての自殺などの問題も依然として根強く存在しているのもまた事実である）。片やランキング最下位のドイツであるが、22位の日本との差は実に348時間。割合で言えば20％も日本より少ない労働時間ということになる。

　さらに別のデータも見てみよう。各国の1時間当たりの労働生産性（＝1時間あたりに生み出される名目GDP）調査において、2014年の結果を見ると、日本が1時間の労働により生み出すGDPが41.3USドルとされているのに対し、ドイツは63.4USドル。理論的には、日本人に比べてドイツ人の方が約1.53倍も効率良く働いているということになる。つまり、ドイツ人が1時間の労働で生み出すのと同じだけの成果を上げようとするならば、日本人はドイツの1.53倍も長く働かなければならないということになるのだ。

I 人々の暮らし

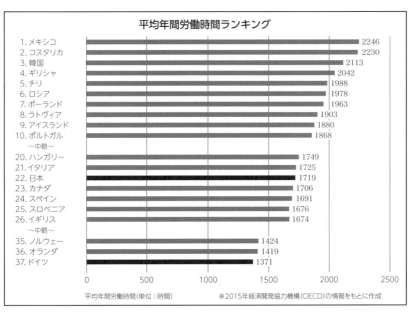

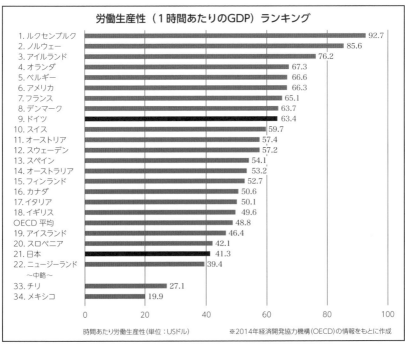

年間平均労働時間に大きな開きがありながら、日本に次ぐGDP値を効率よく稼ぎ出し、ユーロ経済を牽引するだけの大きな力を持つドイツ。一体、ドイツの人々は日頃どのように働いているのだろうか。

◆仕事は仕事、無駄なく効率的に働く

　一般にドイツ人は、合理性を重視する傾向が強いと言われるが、中でも「仕事」に対する考え方や取り組み方において、そうした傾向がひときわ顕著に現れるようだ。ドイツでは各人の仕事の分担がしっかりと明示されており、基本的に自分の担当する仕事以外には関わらない。仮に担当以外の用事を頼まれたとしても、「それは私の仕事ではない」ときっぱり断るのが普通だ。誰もが、自分に与えられた仕事をできる限り効率よくこなすことに努める。意味のないミーティングを長々と続けたり、だらだらと休憩を長引かせたりするようなことはほとんどない。常に費用対効果を考え、無駄なことはできる限り排除しながら、集中的に仕事に取り組もうとする姿勢は、ドイツ人ならではの合理性のあらわれと言えるだろう。

　仕事に対するこうした姿勢の背後にあるものは、仕事とプライベートの明確な区別である。ドイツ人の多くは、プライベートな時間を非常に重視しており、自らの自由な時間を充実させたいがため、できるだけ早く仕事を済ませ、少しでも早く家に帰りたいと考える。ドイツでは、1994年に施行された労働時間法により、平日1日あたりの労働時間は8時間を超えてはならないと決められていることもあるが、定時になれば皆がすぐに職場を後にするのが普通だ。日本の会社のように、同僚や上司との付き合いで飲みに行くことはほとんどない。しかし、職場や業種によっては時に残業もあり、2014年の調査では、ドイツにおける平均残業時間は年間47時間になるという。これは他のEU諸国に比べて最も多い数値であるものの、日本の平均残業時間に比べたら遥かに少ないものである（厚生労働省の「毎月勤労統計調査」によれば、2017年の一般労働者の「所定外労働時間」は平均14.6時間とされており、1年に換算すると約175時間である）。

◆休む時には思いきり休む

　ドイツの労働環境において、とりわけ注目すべきは、ドイツにおける休み

の多さであろう。ドイツには1963年に施行された「最低限の休暇に関する法律」というものがあり、これによってすべての勤労者は1年間に最低24日間の有給休暇を取る権利が与えられている。24日という日数は、法により定められた、あくまでも「最低限」の休暇日数であり、実際にはこれよりもさらに多い年間30日もしくはそれ以上の有給休暇を付与するドイツ企業が大半を占める。一方、日本はというと、厚生労働省の調べによれば、2014年1年間に企業が付与した年次有給休暇日数は、労働者1人平均で18.4日、そのうち労働者が取得した日数は8.8日で、取得率はわずか47.6％となっている。すなわち、日本では、支給された有給休暇の半分も使われていないということになるわけだ。日本の場合、同僚や上司などの目が気になって有給休暇を取得できないという声がよく聞かれるが、ドイツではこのようなことはほとんどない。

　ドイツでは、有給休暇の取得率は、管理職を除けばほぼ100％である。ドイツ人は、有給休暇を取ることは労働者に与えられた当然の権利と考え、そして皆が同じようにその権利を行使するため、日本の場合のように有給休暇を取ったことで周囲から白い目で見られるということもないのだ。さらに、管理職にある者は、部下たちに有給休暇を完全に消化するよう強く促すことを自らの責務としてとらえる必要があり、実際にそのように働きかけている。これは、社員の健康をしっかりと守るような労働条件を確保することが、労働法によって経営者に義務づけられているからであり、ドイツでは部下に有給休暇を消化させることのできない管理職は、管理能力が劣るとして、上からのマイナス評価を受け、懲戒の対象となりうる。

休暇シーズン中の
ベルリン中央駅
（撮影／五十嵐 豊）

休日を楽しむ人々（撮影／五十嵐 豊）

　このように、日本に比べてずっと多くの有給休暇を取得するドイツでは、2週間から3週間程度（もしくはそれ以上）の連続した休暇を取るというケースも珍しくない。多くのドイツ人はワークライフバランスをキープする上で、休暇をきわめて重要なものととらえている。彼らは、海外旅行、スポーツ、自然とのふれあい、自分磨きなど、思い思いの方法でたっぷりと時間をかけながら有意義に休暇を過ごし、そしてしっかりと英気を養って仕事へと戻ってくる。「休暇があるから働くことができる」、あるいは「自分は休暇のために働いている」と、きっぱり断言するドイツ人は非常に多い。

　思うように有給を取得できずにいる日本人から見れば、ドイツのように従業員たちがこぞって長期の休暇を取ったりしたら、企業は仕事が回らなくなるのではないかとの疑念を抱かずにはいられないであろう。しかし、多くのドイツの職場では、従業員たちの休暇の日程が重ならないようにするために、新年早々その年の有給休暇の日程を従業員同士で調整するのが一般的である。さらに、誰かが長期の休暇で職場を離れている時であっても、書類や電子ファイルなどを前もってしっかりと整理しておき、他の従業員が業務をカバーできるような体制を整えてあるため、混乱やトラブルはほとんど生じることがない。誰もが休暇の重要性を認識し、そして誰もが自らの正当な権利としてこれを行使するドイツでは、こうした相互の協力体制が不可欠なものであるという認識もまたしっかりと共有されているのだ。

I 人々の暮らし

◆従業員による従業員のための組織

　有給休暇や労働時間など、労働者のさまざまな権利が法律によってしっかり
と保護されている感の強いドイツであるが、ドイツには他にも「経営組織法」
と呼ばれる法律がある。これは民間企業の従業員に経営参加を認めるもので、
5人以上の従業員がいる企業では「事業所委員会」を組織できるとしている。
事業所委員会は、労働時間、有給休暇、賃金、福利厚生、就業規則、人事、経
営方針など労働を取り巻くさまざまな事柄について従業員の知る権利を確保し
た上で、経営者側と協議や交渉を行い、部分的に決定権を持っている。企業は、
従業員の人事（採用・配属・異動など）に関しては委員会の同意を得る必要があ
り、また従業員の解雇にあたっては、事前に委員会に意見を聞かなければ、そ
の解雇は無効となってしまう。

　この事業所委員会とは別に、いわゆる労働組合もまた存在するのであるが、
ドイツの労働組合は会社ごとに組織されるのではなく、産業別に組織されてい
るのが特徴だ。労働時間や賃上げについては、組合と経営側が交渉を通じて産
業全体に適用されるものを決め、会社ごとに組織された事業所委員会の方は、
この交渉での決定が職場においてきちんと実行されているかを監視する役割を
担う。

◆閉店法

　最後に、「閉店法」と呼ばれる少々耳慣れない法律を紹介したい。日本では、
コンビニエンスストアやスーパーマーケットが24時間365日営業しているの
は、ごく当たり前の光景として受け止められているが、ドイツの状況は大きく
異なる。ヨーロッパには「閉店法」と呼ばれる法律を持つ国がいくつかあり、
そうした国々ではこの法律により、小売店の営業時間が制限されている。ドイ
ツでは、すでに戦前からこの閉店法が施行されており、徐々に緩和されてきて
はいるものの、現在でも基本的にドイツの商店は夜8時までに閉店し、日曜日
と祭日にはほぼ完全に閉められている。従って、日本ではあまりにも身近なコ
ンビニエンスストアも、ドイツではほとんど見かけることがないのだ。

　そもそも、なぜ小売店の営業時間が法律で定められなければならないので
あろうか。ドイツの閉店法の歴史は長く、始まりは1900年にまでさかのぼる。

閉店法が導入された背景にはいくつかの要因が挙げられるが、まず一つには、日曜日は労働をしない安息日であるという、宗教由来の伝統的慣習を保護する意図があった。二つめは、労働者の保護である。店の営業時間が長くなれば、その分だけ多くの労働を強いられることになり、弱い立場にある従業員には大きな負担がかかるからだ。そして三つめには、小規模な小売店を保護する意図もあった。もしも全てが個々の小売店の裁量にまかされていたら、資本力のある大規模小売店が好きなだけ営業時間を延長し、その結果、小規模な小売店の客を奪うことに繋がりかねないからである。

　1957年に改正された閉店法により、平日の営業は18時30分まで、土曜日は14時までとされ、これがその後の閉店法の基礎となった。しかし、経済が発展を続け、消費活動も活発な伸びを示す中で、閉店法の緩和を求める声も徐々に高まっていく。その後、閉店法には幾度もの改正が重ねられたが、2006年、閉店法を定める権限が国から州政府へと委譲されたことで、大きな転機を迎えた。各州がそれぞれに営業時間を定めることができるようになったのである。その結果、現在では7割以上の州で24時間営業が認められており、ほとんどの州で日曜祭日は年4回まで営業してもよいとされている。

　ただ、法律が緩和されたとはいえ、ドイツの現状を見ると、日本のように24時間営業の店が広がっているということはない。たとえ州としては24時間営業を認めていたとしても、過当競争への懸念や周囲の環境への配慮などさまざまな理由から、市町村などがそうした営業形態をなかなか認可しないというケースが多いようだ。また、ドイツでは消費者の側にも、従来の閉店法に合わせた生活スタイルが依然として根強く定着しており、あえて休日や深夜にまで買い物をしたいという欲求はあまりないらしい。利便性ばかりを追求するのではなく、ゆったりと静かに余暇を過ごす方を好む人が多いところもまた、ドイツらしさが感じられるところである。　（五十嵐 豊）

II 社会と文化

ライプツィヒ。
アウエルバッハの酒場の入り口に立つ悪魔メフィストとファウスト博士の像。
悪魔の力を借りたファウストが、この地下酒場からワイン樽にまたがって飛び出していった……。
(撮影／五十嵐 豊)

悪魔と魔術と革命 ──ゲーテの『ファウスト』より

◆ゲーテと「魔術師」ファウスト博士の伝説

　ヨハン・ヴォルフガング・ゲーテは近代ドイツにおける最大の詩人といわれる。18世紀後半から19世紀にかけて近代のドイツ文化は隆盛期を迎え、その立役者の名を冠して「ゲーテ時代」という。文学に限らず、哲学や音楽など、現代にも通じる学術と芸術が開花した。ゲーテは、文学のほか、哲学や自然研究についても重要な作品を残し、後世に大きな影響を与えてきた。明治以来、西洋文化をもって近代化を推進してきた日本も、直接的であれ、間接的であれ、ゲーテから多大の影響を受けている。最近では「水木しげるが選んだ」この「賢者の言葉」を集めて『ゲゲゲのゲーテ』(2015) が出版され、そこには「水木サンの人生は80％がゲーテです」(14頁) とある。そのゲーテの代表作『悲劇ファウスト』に依拠したのが、手塚治虫の漫画三部作『ファウスト』(1950)、『百物語』(1971)、『ネオ・ファウスト』(1988) だ。ゲーテの『ファウスト』の日本語訳は、森鷗外の完訳 (1913) 以後だけで十指に余る。そればかりか、西洋の近代的思考の枠を超えたゲーテの思想には、「近代以後（ポストモダン）」の現代から見ても注目すべき点が少なくない。

　そのひとつは、西洋近代に対するゲーテの批判的視点だ。たとえば『悲劇ファウスト』の第1部には「ライプツィヒのアウエルバッハの酒場」と題する場面がある。学生時代にゲーテも通ったこの地下酒場は、現在でもドイツ東部の町ライプツィヒに健在だ。その壁には、ここを訪れたファウスト博士を描く2枚の絵があった。ファウストが常連客と酒席をともにする場面、そして魔術の力で酒樽に馬乗りになって地下酒場から出て行く場面だ (29頁の図版参照)。これらの光景がドイツ文学を代表するこの作品で描写され、「アウエルバッハの酒場」は今日まで国際的な観光名所になっている (27頁の写真参照)。

　酒場の壁の絵もゲーテの作品も、16世紀のドイツに実在した錬金術師ファウスト博士 (1480頃–1540頃) の伝説に基づく。そのファウスト博士も、実際にこの酒場を訪れていたらしい。すでに生前から「魔術師」と呼ばれていたファウスト博士が急死すると、「その魂を悪魔が地獄に連れて行った」との噂が

28

Ⅱ　社会と文化

アウエルバッハの酒場にあった絵（1626年頃）を模写した銅版画（19世紀初頭）。上が酒席をともにするファウスト博士。犬の姿をした悪魔メフィストもいる。下が樽に乗るファウスト博士（フランクフルト・ゲーテ博物館〈Freies Deutsches Hochstift / Frankfurter Goethe-Museum〉蔵）

広まった。ゲーテの作品でファウストが悪魔メフィストーフェレス（略称メフィスト）と交わす契約も、この伝説による。もしメフィストがファウストに「時よ、止まれ！　汝はかくもすばらしい」と言わせたら、ファウストは自分の魂をこの悪魔にやると約束するのだ。これが、ファウストとメフィストとの有名な「賭」にほかならない。

　「哲学」に加えて「法学」も「医学」も、そして「神学」までも徹底的に研究したにもかかわらず、世界の根本原理を知ることはできないと主人公が絶望する場面で、ゲーテの戯曲『悲劇ファウスト第一部』は幕を開ける。西洋では中世以来18世紀まで、「哲学」には「神学」「法学」「医学」以外の学問がすべて含まれていた。「法学」と「医学」を除いてこの世に関する近代的学問は、どれもこの「哲学」から分化したのだから、当時の学問のすべてを究めたのがファウストだ。したがって、主人公ファウストには、ゲーテ時代までの近代的学者像が凝集されているといってよい。

　「魔術師」の異名をもつファウスト博士の伝説を受けて、ゲーテのファウストは、学問でだめなら魔術を使ってでも世界の根本原理を知りたいという「知

への欲望」に駆られている。そこに「むく犬」の姿で悪魔メフィストが現れて、ファウストとのあの「賭」に及ぶ。ファウストに現世の最高の瞬間を体験させ、この瞬間をもって「時よ、止まれ！」と言わせるために、メフィストは当代一のこの学者を研究室の狭い「学問」の世界から外の広い「感性」と「情熱」の世界へと連れ出す。そして、この悪魔がファウストにまず見せるのは「アウエルバッハの酒場」だ。

◆フランス革命を「酒場」で風刺したゲーテの慧眼

　この酒場のテーブルには4人組が陣取って、酒を浴びるように飲んでいる。そのうちふたりは大学生らしい。4人は民謡の替え歌を陽気に合唱する。そのひとつが、神聖ローマ帝国を揶揄する替え歌だ。中世のヨーロッパでは、オットー I 世が962年にローマ教皇から王冠を授けられて以来、この帝国の皇帝が、古代ローマ帝国の伝統を受け継ぎ、神の聖なる付託により世俗の世界の支配権をもつとされ、ドイツを中心に広い地域を治めてきた。16世紀の宗教改革によってプロテスタントの宗派がいくつも生まれると、世俗の諸侯を束ねる帝国の力も弱体化してゆく。実際、18世紀後半のドイツには事実上の主権をもつ領邦国家が300以上あったという。

　自分がこのように形骸化した神聖ローマ帝国の皇帝でも宰相でもないことを喜ぶ4人組は、政治とは無縁な民衆の典型だ。そのひとりは、それでも指導者が必要だから、自分たちでローマ教皇を選ぼうと気勢を上げる。民衆が指導者を選挙で選ぶというのだから、ここに示唆されているのは、ゲーテがまさにこの箇所を執筆した前年の1789年に勃発したフランス革命だ。「アウエルバッハの酒場」の場面は、「自由」「博愛」「平等」を掲げる革命のスローガンに対する風刺で、絶対主義体制のもとでの宮廷の腐敗を揶揄するだけでなく、そうした封建的旧体制に反旗を翻す民衆の愚かさをも容赦なく暴く。

　ファウストとともに「アウエルバッハの酒場」で4人組に話しかけたメフィストがまず披露するのは、貴族を「蚤」に喩えて宮廷を風刺する「蚤の歌」だ。「王」はみずから寵愛する「大きな蚤」のために、高価な衣装をあつらえる。「貴公子」のいでたちになった「蚤」が「大臣」に任命されると、蚤の「兄弟姉妹」も宮廷で出世する。そうなると、「王妃」ですら、「蚤に喰われ」ても

30

「潰す」ことも「掻く」ことも許されない。これに対して歌の最後では、「俺たちは、蚤に喰われりゃ、すぐ潰す」というフレーズが、4人組のコーラスによる反復で盛り上がる。「俺たち」4人組が「王」の恣意的人材登用で生じた利権に群がる貴族たちを打ち倒すと言わんばかりだ。そこに飛び出す乾杯の音頭は、「自由万歳！　酒万歳！」——民衆決起のスローガン「自由」に「酒」が同格で並ぶのだから、民衆にとっての革命は「自由」のスローガンに酔ったうえでの大暴れに等しい。フランス革命の行き着く先は、「自由」という「酒」に酔った民衆が見境なく暴れる社会というわけだ。

　「自由」のためにもう少し上等な酒で乾杯しようと4人組を誘うメフィストは、いよいよ悪魔の「魔術」を披露する。酒場のテーブルに穴をあけ、呪文を唱えると、「酒」が吹き出す。それを飲んだ4人は、「共食いしたいほどご機嫌だ」と歌う。やがて幻覚に酔い、互いに相手の鼻先が葡萄に見えて、それをつまんで切り取ろうとナイフを振りかざす。鼻を葡萄と錯覚するのは、ドイツで「酒」といえば「ワイン」、すなわち「葡萄酒」だからにちがいない。革命のスローガンの幻想に惑わされ、暴動を起こす浅はかな民衆は、よく考えてみれば自分たちにとって有害なことをしているから、「共食い」も同然というわけだ。それを指してメフィストは「野獣の残虐」と称し、「自由」のスローガンに踊らされる民衆の姿を、自分の「尻尾」にかみつこうとぐるぐる回る「若猫」の「踊り」に喩えている。

　フランス革命は、近代的解釈によれば、現代の民主主義社会の原点だとされる。しかし、それは旧体制を暴力で転覆する血生臭い革命だったことも事実だ。効率的に首を切り落とすギロチンという断頭台でも、多くの血が流された。フランスでもドイツでも、当時の民衆が民主主義を担うほど思慮深かったわけではない。フランス革命は、貴族階級に対して市民階級が起こした革命ではなく、扇動された民衆が貴族階級内の主導権争いに利用されたという解釈もある。そうした事態を見抜いていたかのように、ゲーテはフランス革命の当初からその残虐性に恐れを抱き、また、民衆についても現実的認識をもっていた。「ライプツィヒのアウエルバッハの酒場」の場面もその証左のひとつだ。民衆が「自由」に「選挙」するとき、賢くならないと危険なのは、ポピュリズムが蔓延しつつある現代の民主主義でも、同じかもしれない。　　（高橋輝暁）

ルターの宗教改革とメディア戦略

◆宗教改革とメディア

　1517年10月31日、マルティン・ルターは「九五箇条の提題（論題）」を発表した。第一条は、聖書の言葉を引用して以下のように始められている。「私たちの師であるイエス・キリストが『悔い改めよ』と言われたとき、彼は信ずる者の全生涯が悔い改めであることをお望みになったのである」。この文言には、信仰についてのルターの姿勢が明らかにされている。ルターは「提言」の中で、当時流布していた贖宥状に対する見解を述べている。贖宥状とは、罪に対する償いが免除されると記された文書のことだ。カトリック教会が販売していた、いわばお墨付きの証書を、敬虔な民衆は熱心に買い求めた。ルターは、そんな教会のあり方に異議を唱えたのである。教皇が罪の赦しの権限を持つのではないこと、「信仰のみによって人は救われる」と説く。ラテン語で書かれた「提題」はドイツ語に翻訳され、またたくうちに広まった。ルター自身も1518年に「提題」を20の論旨にまとめた「贖宥の効力についての討論の解説」をドイツ語で出版した。ベルリンとライプツィヒの間に位置する小さな町ヴィッテンベルクの神学博士のメッセージは、印刷物というメディアに乗って浸透していった。

　活版印刷は15世紀後半、ライン河畔の都市マインツの金細工職人だったグーテンベルクによって発明されたといわれている。印刷術の発明によって印刷物の量は飛躍的に伸びたが、活版印刷物が本格的に一般に普及するようになったのは、宗教改革以後だ。毎年100種類ほどだった出版量が、ルターの改革後の1523年には950種類にもなっていたという。そのほとんどが宗教改革関連の書物だった。ルター自身も旺盛な執筆活動を行った。生涯にわたって、ルター本人が初版印刷依頼した著作は、ドイツ語、ラテン語を合わせると544にのぼり、そのほとんどがベストセラーというべき売れ行きだったという。宗教改革者たちは活版印刷を、改革を広めるメディアとして最大限に利用したということができる。ルターは1520年に「宗教改革五大著作」と呼ばれる五つの著作を発表している。その中でも「キリスト者の自由について」は、ルターの教

ルターが新約聖書のドイツ語版の翻訳に取り組んだヴァルトブルク城の部屋 (撮影／飯田道子)

義の根幹をなす著書として今日まで読み継がれている。

　しかし、書物が出まわっていたとはいえ、当時の識字率はせいぜい5％程度であり、大学のあった都市部と農村部では事情が異なる。実際に本が読めた人はかなり少なかったと想定される。改革の指導者たちは、字が読めない民衆のために音読による読み聞かせ、「集団読書」をおこなった。ほかにも図版入りのパンフレットやビラを作成してメッセージを伝達した。図版の多くは木版印刷だった。木版画の利点は、一度に多く印刷できることと、画像にテクスト（文字）を組み合わせられることだ。宗教改革派のパンフレットには風刺漫画風の絵が多く見られた。ローマ法王を悪魔や怪物の姿として堕落したイメージを強調する一方で、ルターは叡知あふれた聖人として描かれている。

　ルターの仕事の中で、後のドイツ語に大きな影響を及ぼしたのは、聖書のドイツ語への翻訳だ。聖書はラテン語で書かれており、修道院や大学の図書館の奥に所蔵されている門外不出のもの、つまり聖職者の占有物であり、一般の信徒は聖職者から口述で教えを授からなければならなかった。ルターは聖書をドイツ語に翻訳することで、神の言葉を民衆にアクセス可能にしたのである。1522年9月、ルター訳の新約聖書のドイツ語版が刊行された。九月聖書と呼

ばれるこのドイツ語訳聖書は、ルターの改革運動の目的を確認させたばかりで
なく、人々にキリスト教の真の教えを伝えることに役立ち、近代ドイツ語の形
成に長く貢献することとなった。

　ルターはドイツ語の賛美歌も作った。従来ミサの中でラテン語が使われてい
たが、信徒はむろんのこと、ラテン語の知識が怪しい司祭も少なくはなかった
ようだ。それではミサの内容は信徒にはわからない。そこで音楽的才能のあっ
たルターは、自身でドイツ語の賛美歌を作詞作曲して礼拝の中で歌った。文字
を読めない民衆たちが賛美歌をそらんじて歌うことで、改革はさらなる広がり
をみせた。ルターの作曲した賛美歌は今日の礼拝でも歌われている。

　改革の波は目に見える形で民衆の生活に浸透していった。教会の儀式はラテ
ン語ではなくドイツ語で行われ、カトリック教会に見られる聖画像は改革派の
教会から撤去された。さらに聖職者の結婚が一般化するようになった。厳しい
戒律を守って修行した経験から、ルターは、聖職者が家庭を持つことは神の意
志に反しないという結論を導き出し、自身も結婚にふみきったのである。宗教
改革は、古いキリスト教世界に対するプロテストにとどまらず、新しい勢力が
台頭しはじめた社会のうねりの中で、様々な変化をもたらした。

◆ルター像の変遷

　宗教改革初期のルターの肖像は修道士姿が多い。本人もその姿で描かれるこ
とを好んでいたという。改革のプロパガンダにのって、ルター像は聖人に近い
ものへと変わっていく。その後の歴史の中でルターのイメージはさまざまに用
いられた。たとえば、19世紀半ば、ウィーン会議後の復古の時代、人々の関
心が家庭へと向かっていた時代には、善き家庭人、父親としてのルター像に焦
点があてられた。ドイツ帝国成立期には、ビスマルクと並んで、ドイツ建国の
父というイメージが用いられた。ナチ時代には、ルターはユダヤ人排斥のプロ
パガンダとして用いられた。晩年のルターが、キリスト教に改宗しようとしな
いユダヤ人たちに対して行った言説がナチス流に解釈されたものだ。

（飯田道子）

ルターの宗教改革を支えたルカス・クラーナハ (1472-1553)

ルターの宗教改革を絵画・木版画によって普及することに貢献したのがクラーナハである。ルターの肖像画の多くを手がけてイメージを広く定着させた。クラーナハの工房ではルターの著作の表紙の装飾や挿絵を制作しており、書物自体も大量に印刷していた。

クラーナハは、ルターの新約聖書の黙示録のために21点の木版挿画を制作している。まさに宗教改革のアート・ディレクター的存在だ。1505年にザクセン選帝侯の宮廷画家としてヴィッテンベル

クラーナハの描いたルターの肖像画

クに移り住んで以来、クラーナハは、工房をかまえる画家のみならず、のちには市長をつとめ、薬局経営にも手腕を発揮した。ヴィッテンベルクにはクラーナハの薬局が現存する。市の聖マリエン市教会にはクラーナハ父子の手になる祭壇画が飾られている。クラーナハの絵画といえば、細長く引き延ばされたような肢体の女性の裸体画が思い浮かぶだろう。こうした裸体画は貴族や上流階級の人々の私室に飾る需要があった。

宗教改革を支援する一方で、カトリック側の注文にも応じていたところからも、現実的な計算がうかがえる。デューラーと並び称される存在でありながら、芸術家の範疇にとどまらない人物だったようだ。

ルターの結婚と中世の結婚事情

◆ルターの婚礼祭り

　ドイツ中北部の町ヴィッテンベルクで毎年6月に「ルターの婚礼」という名の祭りが開催される。ご存じの通り、ヴィッテンベルクはマルティン・ルターによる宗教改革の発端となった町である。1517年10月31日ヴィッテンベルク大学の神学部教授であったルターが贖宥状（免罪符）販売に抗議してヴィッテンベルク城教会の門扉に「九五箇条の提題」を打ち付けた。これは当時学者間に行われていた形式に従ったもので、贖宥問題をめぐる討論会の呼びかけとして張り出された。当時の学問の言語であるラテン語で書かれており、内容的にも純粋に神学的なもので、何ら政治的意図を持ったものではなかった。しかしこの提題が何者かによってラテン語からドイツ語に翻訳され、広く流布してドイツの宗教改革をもたらした。贖宥状とは赦しを得た後の罪の償いを軽減または免除する証明書であるが、ローマのサン・ピエトロ大聖堂建設の資金集めや大司教座就任の借金返済の目的等にも販売され、利用されたことが問題視された。

　この宗教改革の中心人物であるマルティン・ルターが1525年6月に元修道女カタリーナ・フォン・ボラとヴィッテンベルクで結婚した。「ルターの婚礼」祭はこれに因んで毎年6月に行われている。この祭の公式サイトによると、1525年6月13日の午後5時過ぎに修道院で同僚や友人らの立ち会いのもと2人は婚約し、その晩、プロテスタントの司教区牧師でもあったルターの良き協力者ブーゲンハーゲン[注1]が正式な結婚式を執り行った。翌朝、少人数でささやかな祝宴をもったが、通例では婚約の翌日に行われていた公式の教会への行列は6月27日になってようやく行われた。この行列及びその後の行事は盛大に行われたと考えられているが、「ルターの婚礼」祭はこれに倣って行われているようである。祭の日程も毎年6月13日前後の週末3日間で行われている。

ヴィッテンベルク城教会
（撮影／狩野智洋）

「ルターの婚礼」祭の
パレード
(撮影／狩野智洋)

◆中世の結婚

　西洋では結婚式は教会で行われるのが通例であったと考える人は多いだろうが、ルターの時代よりもさかのぼる中世では必ずしもそうではなかった。結婚は中世では一貫して世俗的行為と見なされ、教会が結婚（式）に関与することはほとんど無かった。中世初期の結婚は証人たちの前で、特定の象徴的な儀式に則り、両親の祝福を受けて公の場で結ばなければならなかった。その後中世後期からはさらに、自らの意志で、多くは結婚式の翌日に、教会の前で（中でではなく）、結婚したことを世間に告知するようになった。世間に対する告知がない場合は秘密婚に近いものとなった。秘密婚というのは当事者のみの意志によって行われ、両親または後見人の同意が必要とされていた当時は、夫婦として認められない等、法的に不安定になる危険性を孕んでいた。また略奪婚も同様であった。略奪婚というのは、略奪される女性の同意を得た上で行われたもので、いわば駆け落ちであったと考えられる。禁止令が繰り返し出されたところをみると、秘密婚や略奪婚は少なからず行われていたのだろう。

　では、中世の結婚式とはどのようなものだったのか。ドイツの歴史学者アルノ・ボルストはその著書『中世の生活様式』の中で13世紀の半ば頃の盗賊団の結婚式の様子を紹介しながら、当時の結婚式の様子を解説している。

　家業を嫌って家出した農家の息子が、騎士の身分でありながら盗賊と化した盗賊騎士集団の仲間となった。この若者は盗賊騎士の１人と自分の妹の結婚を

37

ヴァルトブルク城。
この城の一室で
ルターは新約聖書の
ドイツ語訳に取り組んだ
(撮影／狩野智洋)

仲介する。若者とその妹は結婚によって自分達の社会的地位が上がると考えたのだ。盗賊達は結婚式の何日も前から、手間暇かけて準備をする。彼らは結婚の儀式を極めて忠実に慣習に則って行う。まずは、結婚初夜の翌朝に夫が妻に与える「朝の贈り物」についての交渉が行われる。ここでは盗んだ服地3包みが花嫁に与えられることが決定される。その後、花嫁の兄の使いが彼女を出迎える。しかしこの花嫁は、兄と同様、家出して来たので、通例携えるはずの持参金は持っていない。また結婚指輪の交換以外は全て当時の慣習に違わず進行する。

　演説の心得のある老人が立ち上がり、花婿に対して花嫁を妻として迎える意志があるかを問い、花婿は受け入れる意思を表明する。この問答をさらに2度繰り返す。そして花嫁に対しても同じ問答を3度行う。その後老人が花婿に花嫁を妻として与え、花嫁に花婿を夫として与えて結婚が成立する。このとき参加者全員が歌を歌い、花婿が花嫁の足を踏む。

　13世紀では婚姻にはまだ教会の儀式は必要とはされておらず、また結婚式は屋外で行われることもあった。盗賊達は全部で10人おり、これに一連の客が加わって通常では親戚や隣人達がなるはずの結婚の証人となる一団を形成した。花婿が花嫁の足を踏むということも慣習通りに行われており、それによって夫が妻を手に入れたことを表した。慣習では、その後花婿が花嫁を彼女の席まで運んでそこに座らせることになっていたので、この場合も同じようにした

中世の結婚事情

　中世では、結婚は相当な扶養能力を前提としており、経済基盤のない
ものはしばしば独身でいる以外になかった。中世の都市では、最低限の
生活状態、あるいは他人の援助がなければ生活できない人々の割合は、
一般に全住民の10〜20％であったと見積もられている。また都市の全
労働人口の1/4〜1/3が貧困層に属していた。市民権は都市内部に土地
を有することが前提条件となっていたため、都市城内に土地や家等を持
たなかった彼らの多くは市民権を持たなかった。当時のこうした状況を
考えると、中世では独身者の数はかなり多かったと考えられる。また、
それと同時に、結婚は経済的な意味で人生の希望でもあった。経済的理
由から通常の身分・年齢の枠組みを逸脱した結婚も行われ、裕福な未亡
人を配偶者に望む男性は多かったという。

ことであろう。

　次いで祝典の主要部を成す宴が始まる。宮廷風に、新郎新婦や客達に給仕す
る役割が、盗賊達の1人1人に割り当てられる。長時間の宴はかつては上流階
層においても祝典の中心に位置づけられ、その後廃れたが、市民や農民におい
ては中世をかなりすぎてからも祝いの中心であった。この話の中でも魚の他に
焼き肉が出されたので、大量の料理が振る舞われたと思われる。客達は出され
たものを全て猛烈な勢いで食べ尽くし、飲み尽くした。将来に対する保証のな
い、常に無常を感じていた中世の人々にとっては、今現在をむさぼり尽くすこ
とは当然のことであった、とボルストは述べている。また、余興のための楽士
達も宴には欠かすことのできないものだった。ボルストによると、中世の農民
達の結婚式は騒乱で終わることがしばしばだったが、この盗賊団の結婚式は、
盗賊団の取り締まりのために4人の男とやって来た領邦君主（封建君主）の司
法官に一味が一網打尽にされて終わる。華やかな婚礼の宴が一瞬にして処刑前
の最後の食事と化す。ボルストの言うように、これは正に、明日をも知れぬ中

世の人々の生活を象徴していると言える。

　余談であるが、異端審問が行われたヴォルムスからの帰途、ルターはアイゼナハ近郊で武装した騎士達に拉致された。この報に接し、また、ルターが死んだという噂を聞いたとき、誰もが上記のような盗賊騎士達に襲われたのだと思ったことだろう。しかし実際はザクセンのフリードリヒ賢侯がルターをヴァルトブルク城にかくまうために仕組んだ芝居であった。そのヴァルトブルク城の一室で彼は新約聖書のドイツ語訳を成し遂げたのである。

◆教会改革と聖職者の独身制

　ルターによる宗教改革の1世紀以上前にウィクリフやフスが改革を唱え、宗教改革の先駆をなしたが、それ以前でもローマ・カトリック教会内外において改革運動はあった。

　教会内での改革である教会改革は、主に聖職売買の禁止と聖職者の妻帯の禁止の方向で進められた。

　聖職売買の禁止は聖書にも根拠がある。聖職売買はラテン語ではシモニアと言うが、これは人々の上に手を置いただけで聖霊を与えられる使徒の力を金銭で買おうとして、キリストの弟子、使徒ペテロに叱責されたサマリアの魔術師シモンの名に由来する。中世では国王や貴族が自ら建てた教会や修道院の聖職者を任命することが当たり前に行われていた。そこで教会禄などの収入や高い地位を求めて聖職位を欲する者が金銭等を彼らに渡して地位を得る行為も横行した。しかし、そのため修道院の世俗化等の問題も多発し、信徒達の教会に対する不信感を増幅することにもなった。この問題の解決に最初に動いたのがクリュニー大修道院だが、これも後には豪奢な典礼主義に陥ってしまった。11世紀半ばの教皇レオ9世が俗人による叙任権を否定したことに始まり、後の教皇グレゴリウス7世が改革を強固に推し進めようとした。世俗の権力者達や聖職売買によって高い地位を得た聖職者達は自分達の既得権益を奪われることになるため頑強に抵抗した。やがて1075年に教皇グレゴリウス7世が教皇権の皇帝権に対する優位を主張するに至って、神聖ローマ皇帝ハインリヒ4世との熾烈な叙任権闘争に発展し、この争いは2人の死後も教皇と皇帝との間で1122年まで続けられた。

Ⅱ　社会と文化

　ところで、ルターの結婚には各方面から憤慨する声や心配する声、また悪意に満ちた声が上がったという。そうした声の上がった背景として、聖職者の独身制が社会的に広く支持されていたことが考えられる。聖職者の独身制はローマ・カトリック教会で制度として定められており、また異端派においても指導的立場にある者達には独身でいることが求められた。つまり、聖職者は独身でなければならないという社会通念が出来上がっていたと言える。教会内のもう一つの改革の試みがこの聖職者の独身制の徹底であった。

　遅くとも3世紀初めには制度として存在した聖職者の独身制は、4世紀以降法的にも整備された。しかし、法的に定められることと、それが実行されることとは必ずしも一致せず、その後も聖職者による妻帯や内縁の妻との同居は広く行われた。聖職者に独身が求められた理由はいくつかあるが、その中でも特に重要なものは次の理由である。即ち、聖職者は祭式の職務や洗礼及び聖体の執行をいつでも始められるよう、肉欲に汚されていない、常に清められた状態を保つべきである、という意図である。

　これに対してルターの側から批判が起こる。1521年ルターらが聖職者の独身制は神の摂理に反するものであるとして聖職者の独身制を批判した。ルターの共闘者メランヒトン[注2]は神によって祝福され、承認された結婚は神聖なものだとして、妻帯する聖職者による儀式が汚れているという考えを疑問視した。この聖職者の妻帯を積極的に評価する立場が、妻や内縁の妻と同居する例が多かった北および東ドイツの聖職者達のプロテスタントへの改宗を促したとする見方もある。

　こうした文脈から見るならば、ルターの結婚は当時の社会通念に逆らって、自らの思想を貫いたとみることも出来よう。因みにメランヒトンですらルターの結婚の報に接したときは大いに動揺して、カタリーナがルターを誘惑したのだと考え、この事実を容易に受け入れることはできなかったようである。

(狩野智洋)

注1：ルターの聖書訳を助けると同時にその著書や聖書を低地ドイツ語に翻訳した。北ドイツとデンマークで新しい教会制度を整備した。
注2：ルターに次ぐ宗教改革の指導者となり、ルター派正統主義の土台を作った。教育改革にも尽力した。

オペラの総合プロデューサー・ワーグナーの功罪

　ドイツ（ドイツ語圏）はバッハ、モーツァルト、ベートーヴェン、ブラームスなど有名な作曲家を多数輩出してきた。ここではドイツが生んだ作曲家のうち、ワーグナーを取り上げる。

◆生　涯

　リヒャルト・ワーグナーは1813年5月22日、現在のドイツ中東部に位置する都市ライプツィヒで誕生した。当時はまだドイツという統一国家は存在していなかった。ワーグナーの生涯はドイツが1871年の統一へ向かう過程と重なっている。1815年には、多くの小国がドイツ連邦というゆるやかな国家連合を形成した。ライプツィヒはドイツ連邦を構成するザクセン王国に属し、見本市が開催される商業都市として古くから名高く、また市民による自発的な音楽・演劇活動も早くから盛んであった。18世紀前半には、バッハが約25年にわたってこの地を本拠として活躍していた。

　幼少期から神童としてもてはやされたモーツァルトなどと異なり、ワーグナーが作曲家として名を成したのは遅く、ようやく20代終わりのことであった。浪費・借金癖、夜逃げ同然の逃避行、革命への参加と亡命、不倫など、その生涯はドラマチックで波乱に富んでおり、ドイツ内外の各地を流浪する生活が長く続いた。

　そんな境遇が大きく変わったのは1864年のこと。ワーグナーの芸術に心酔するバイエルンの青年国王ルートヴィヒ2世から莫大な額の援助を受ける身となり、一躍セレブの仲間入りを果たしたワーグナーは、現在のドイツ中南部の都市バイロイトに自作専用の劇場を建設。1876年に行われた柿落としは、ヨーロッパじゅうで大きな話題となった。その後はバイロイトを拠点に創作を続け、1883年2月13日に心臓発作のために滞在先のヴェネツィアで世を去った。エキセントリックな言動もあいまって、ワーグナーは生前から多くの熱狂的な支持者・崇拝者を得た半面、激しい嫌悪や反発も巻き起こした。現在でもクラシック音楽のビッグネームの中で、ワーグナーほど好き嫌いの分かれる作曲家

はいないだろう。

◆総合芸術の夢

　ベートーヴェンなどと異なり、ワーグナーは交響曲などクラシック音楽の定番ジャンルの器楽曲をほとんど残していない。主要作品はほぼもっぱらオペラである。それは、交響曲などの器楽曲はベートーヴェンによって発展の頂点に到達し、文学など諸芸術と融合した「総合芸術」を目指さない限り音楽のさらなる進

リヒャルト・ワーグナー

歩はないと信じていたからである。音楽外の要素とのかかわりを排し、もっぱら音楽に内在する原理にもとづいて作曲された器楽曲を、ワーグナーは「絶対音楽」と呼んで否定した。

　他方当時は、純粋に音だけでできた世界としての音楽を理想とする人々も存在した。その代表的な作曲家としてブラームスが挙げられる。19世紀後半のドイツ音楽界は、この問題をめぐる党派抗争に染まっていた。しかし、両派の主張は正反対であったにもかかわらず、ともに交響曲をはじめとするベートーヴェンの器楽曲を自派の目指す音楽の源泉とみなしていた点は特徴的である。

　ワーグナーがオペラ創作を始めた19世紀前半、オペラは上流階級にとって最高の娯楽であると同時に、定期的にオペラ観劇をすることは彼らのステイタスシンボルとなっていた。ワーグナーはこのようなオペラのあり方を根本的に変革し、古代ギリシアのポリスにおける悲劇の上演をモデルに、オペラが祭祀的性格を備えた公共行事として上演され、国民の連帯・一体感を醸成する「祝祭（劇）」となることを思い描いた。この理想を実現するために、通常は分業で営まれていたオペラ制作の諸部門を、ワーグナーはひとりでこなそうとした。具体的には、別の人物が行うのが一般的であった台本執筆と作曲の両方をつねに担当し、さらに舞台づくりからオーケストラの演奏、歌い方や演技など、創作から上演に至るすべてをコントロールしようともくろんだ。いわばオペラの総合プロデューサーを目指したのである。

オペラ改革の試みは作曲・作劇法にも及んでいる。当時のオペラは複数の楽曲の集合体であった。語りと歌の中間のようなスタイルで作曲された「レチタティーヴォ」と、美しいメロディーで心情を歌い上げる「アリア」がセットとなってひとつの楽曲を形成し、個々の楽曲が並列されることで全体が構成されていた。これでは個々の楽曲が終止するたびに音楽とドラマは中断され、観客は現実の世界に引き戻されてしまう。レチタティーヴォとアリアは、ステイタスシンボルや娯楽産業としてのオペラのあり方に即した形式であった。

これに対してワーグナーは、舞台の幕が開いてから閉じるまで音楽とドラマが終止しないような作曲・作劇法を追求した。そのために採用した技法が「ライトモティーフ」（示導動機）である。ライトモティーフは特定の人物、事物、概念（たとえば「愛」「憎しみ」など）に割り当てられた動機（メロディーを構成する最小単位）のことで、さまざまに形や結びつきを変えてストーリーの展開を象徴し、また舞台上のできごとを注釈するなどの機能を担う。ワーグナーはライトモティーフの発明者ではないが、主要作品において緻密な設計にもとづき、前例のないほど組織的・体系的に使用した。ライトモティーフは20世紀には映画音楽の主要な技法となり、ハリウッドなどでも多用された。現代ではアニメやゲームの音楽にも取り入れられている。

このような志向とスタイルが明確化した1850年代以降のワーグナー作品に対しては、その独自性を強調するために、「オペラ」ではなく「楽劇」（Musikdrama）というジャンル名が用いられることが少なくない。だがこれはワーグナー自身に由来する名称ではない。それに、そもそもワーグナー作品は、大向こう受けを狙ったスペクタクル性、メロドラマ的性格などの点で、本人が主張するほど従来のオペラとかけ離れているわけではない。

◆バイロイト祝祭劇場

ルートヴィヒ２世らから援助を得て建設されたバイロイト祝祭劇場は、ワーグナーのライフワークとなった《ニーベルングの指環》四部作の全曲初演によって1876年に開場した。この劇場は、社交儀礼の場としての性格が強い伝統的なオペラ劇場と異なる顕著な特徴をいくつか備えている。

バイロイト祝祭劇場

① 半円形の客席

　伝統的なオペラ劇場の客席は馬蹄形をしていることが多く、平土間席周囲には桟敷席が層状に積み重ねられていた。舞台真横に設けられた桟敷席からは、舞台は半分しか見えなかった。これに対してバイロイト祝祭劇場では古代ギリシアの円形劇場に倣い、客席は舞台を中心に放射状に広がって半円形をかたちづくっており、周囲の桟敷席は廃止された。このため、どの座席からも舞台をよく見ることができる。

② 見えないオーケストラ・ピット

　オペラ公演に不可欠なオーケストラが陣取るオーケストラ・ピットは、伝統的なオペラ劇場では舞台と客席の中間に位置しており、オーケストラが演奏する様子は多くの客席から見ることができた。ワーグナーはオーケストラ・ピットを舞台下に沈め、オーケストラを観客の視線から隠した。

③ 大きさの異なるふたつのプロセニアム・アーチ

　舞台を額縁のように取り囲むプロセニアム・アーチは、伝統的なオペラ劇場では同じ大きさのものがふたつ設けられていたが、バイロイトではふたつの大きさを変え、客席に近い方を大きく、客席から遠い方を小さくした。遠近法を利用して、舞台上の人物などをより立体的に、よりリアルに見せるためであった。客席の両端にもプロセニアム・アーチと並行する6対の突出壁が設けられ、この効果をいっそう強めている。

④ 真っ暗になる客席

　伝統的なオペラ劇場には、客席天井に付けられた豪華なシャンデリアが不可欠であったが、バイロイト祝祭劇場にはこれがない。さらに当時は上演中も客席は明るいままであるのが一般的であったが、バイロイトでは上演中は客席が真っ暗にされた。

　これら一連の工夫は、観客を舞台上のできごとと音楽に集中させ、芸術家が作り出した世界に観客を完全に同化させることを目的としていた。すなわち、舞台上で展開されるできごとが皮相な日常やたんなる絵空事を超越した高次の現実であるというイリュージョン（幻影・錯覚）を観客に抱かせようとしたのである。こうした発想は後の映画館に受け継がれた。バイロイト祝祭劇場は、3D などを駆使した現代の映画館の先駆とみなしうる。

◆負の遺産

　バイロイト祝祭劇場では、ワーグナー没後、彼の作品のみを集中的に上演するフェスティヴァル「バイロイト祝祭」（「バイロイト音楽祭」と表記されることも多い）が遺族の手によって定期的に開催されるようになった。1933年、ヒトラーが首相に就任すると、バイロイト祝祭はナチス政権から多額の資金援助と免税特権を与えられ、国家行事の観を呈した。ワーグナーを崇拝していたヒトラーとワーグナー家の間には、すでに1920年代から密接な関係が築かれていた。また、ワーグナーの作品はナチスの式典などで必ず演奏される御用音楽となった。

　この事態には、ナチスによる一方的な悪用・濫用とは言い切れない側面がある。ワーグナー自身にナチスの思想と結びつく要素があったことは明白なのである。ゲルマン神話・伝説に取材し、壮大な盛り上がりに事欠かないワーグナー作品は、ナチスが行ったドイツ民族精神高揚のプロパガンダに適していた。

　さらに、ワーグナーは反ユダヤ主義を公言する人物であったことも見逃せない。すでに述べたように、ステイタスシンボルや娯楽と化し、利潤追求を最優先する資本主義の経済原理に従って運営されるオペラをワーグナーは否定したが、彼の眼にそうした資本主義の担い手と映ったのがユダヤ系の金融資本であった。こうした認識に嫉妬や怨恨などの個人的な感情も絡み合って形成された反ユダヤ的信条は、ワーグナーの世界観の欠くことのできない一部となった。

Ⅱ　社会と文化

祝祭劇場の庭園に建つワーグナーの頭像（撮影／五十嵐 豊）

　ワーグナーは著述活動も熱心に行ったが、いくつかの著作でユダヤ人を「悪魔」「魔物」と呼んで敵視し、社会に害悪を及ぼす存在であるから排除しなければならないと主張したばかりか、作品中でもそれと名指しせずにユダヤ人のカリカチュアを描き、そのネガティヴな属性を強調した。
　ワーグナーの主要作品に共通する主題は、危機に瀕した個人や共同体の「愛による救済」である。こうした普遍的で高邁な理想と反ユダヤ主義という排他的イデオロギーが分かちがたく結びついていることが、ワーグナー作品の特徴である。それは、倫理的であろうと努めつつも、理不尽な怒りや憎悪に我知らずとらわれてしまう人間の弱さを反映すると同時に、すぐれた文化的所産を多数生み出した一方で、ナチスによるホロコーストという人類史上最悪の惨事を引き起こしたドイツを象徴しているとも言えるだろう。
　第二次世界大戦後、1951年に再開したバイロイト祝祭はナチスとの結びつきなど負の遺産の払拭に努め、毎年夏に開催されて現在に至っている。しかし、ヒトラーと親密であったワーグナー家の子孫がフェスティヴァルの管理・運営にあたっていることなどに対して、いまなお批判は少なくない。　（江口直光）

世界都市ベルリンの誕生

◆ベルリン vs. ウィーン

　ベルリンは若い都市である。古代ローマ時代から繁栄していたパリやウィーンなどの古都とは違い、ベルリンが歴史にその名を記したのはようやく12世紀のこと、ブランデンブルク地方の古文書においてだ。シュプレー河畔北岸にある小寒村として素描されているに過ぎなかった。

　都市空間として姿をあらわしたのは、最古のベルリン市街図「シュプレー河畔ベルリンならびにケルン両選定侯居城地の図[注]」(1652年)においてのことである。そこに描かれているのは、シュプレー河の両岸に濠と壁をめぐらせて向かい合っているふたつの城塞だけだった。辺境伯の居城所在地とはいえ単なるひなびた地方都市にすぎなかったのである。

　ベルリンがもつ歴史的特性を理解するには、新興都市ベルリンと古都ウィーンとの競合関係を視野に入れておく必要がある。というのも、ドイツ近代史をつねに通底していた重要問題のひとつは、小ドイツ主義 (Kleindeutschtum) と大ドイツ主義 (Großdeutschtum) という政治思想上の対立抗争だったからだ。ハプスブルク帝国を政治的に排除しプロイセン中心で帝国統一をめざす小ドイツ主義。ハプスブルク帝国を中心にして帝国運営をめざす大ドイツ主義。この二元的対立構造である。この図式を都市表象レベルに置きかえたのが、ベルリン対ウィーンという両都市間のライバル関係だったからである。

　たとえば1500年前後ヨーロッパ主要都市の人口といえば、パリ10万人、ロンドン4万人、ウィーン2万人であった。さらに1590年になるとウィーンは人口5万人に増加し名実共に国際都市たりえていた。これに対して1600年当時のベルリンは人口9,000人の小さな城塞都市に止まっていた。ことほどさように中世末期から19世紀まで、ベルリンはウィーンの後塵を拝することに甘んじてきた。人口という都市の規模ばかりではない。

　ハプスブルク家を中心にした宮廷文化とその伝統。貴族階級と富裕市民層の文化資本あふれるウィーン。かたや古都風雅な文化伝統とはおよそ無縁な、砂地ばかりで滋味に乏しい風土のベルリン。政治、経済、文化、日常的慣習など

あらゆる局面で、ベルリンには規範性のたかい伝統が欠落していた。北方ドイツの荒れ地に誕生した若い都市は、こうした現実から出発しなくてはならなかったのである。

しかし、希望は危難のなかにこそある。ベルリンは、後発の新興都市が負わねばならないこうした所与の条件を逆手に取った。伝統的な格式や儀礼的典礼にこだわらず、オランダなど諸外国から先進技術やユグノーなど熟練技術者を大胆に受けいれつづけたのである。つまりは進取の気質。これが虚飾よりも合理性をよしとするプロイセンの哲理にも合い、ベルリンの精神構造として培われてきたのである。

ベルリン精神とウィーン気質の対抗関係にかんして、明確なかたちで政治的決着がつくこととなった。1866年普墺戦争である。戦争の結末はあっけなかった。重化学工業を中心にした近代産業を背景に、合理性と効率性を第一義とするプロイセン軍の近代性の前に、宮廷式の典雅な儀礼を遵守するハプスブルク軍の優雅さなど、ひとたまりもなかったのである。普墺戦争に敗北することで大ドイツ主義は力を失い、ウィーンはドイツ語圏随一の都市という名誉を奪われることとなる。

これを機に、19世紀を通じ宿願であったドイツ帝国統一はプロイセン主導の小ドイツ主義にもとづいて完遂されることとなり、帝国の首都はもちろんベルリンに置かれることとなった。1871年のことである。

◆アヴァンギャルドの実験場

近代化とは都市化の別名である。1835年、ニュルンベルク―フュルト間にドイツ初の鉄道路線が開設されて以来、産業構造の変化に応じて19世紀を通じ、地方人口が労働力として都市に流入してゆくことになり、それまで少数派であった都市人口は爆発的に増加の一途をたどった。ドイツ帝国統一が完成した1871年には、都市人口は1,200万人、全人口の30％に達するに至った。こうした都市化の傾向は20世紀に入っても収まらず、1933年にはとうとう全人口の70％、4,500万人が都市に住むことになった。

こうした都市化傾向という文脈でみると、都市の人口推移というものは、単にひとつの都市の問題であるばかりでなく、帝国全体に直結する社会全体の問

題でもありえた。

　ベルリンはわけても19世紀後半、プロイセンの一都邑から世界都市たる帝都ベルリンへと一気に駆けのぼっていった。人口、鉄道敷地面積、都内各駅乗降客数、下水道敷設総距離数、ガス、電力消費量、食肉消費量、敷地面積等々、今日統計的にあとづけできるデータの伸びのいずれもが、当時のベルリンの振興ぶりの一端をあらわしている。たとえば、人口は1840年から1890年の50年間に、32万2626人から157万8794人に増えている。およそ5倍の伸びである。市営鉄道環状線の利用者数は、1885／86年には1688万2744人であったのに対して、1894／95年には6071万5034人にのぼった。およそ10年の間に約4倍の伸びである。社会のさまざまな局面にまでおよぶこうした動的な隆盛は、都市空間と連動する価値体系にも反映している。ベルリンは空間的にも膨脹するのである。

　都市の法的権限のおよぶ範囲を市域というが、時代の要請により、市域が郊外にむけて拡張されてゆくのは当然のことといえよう。ベルリンについても市域の変更が起こるが、とりわけ重要なのは帝国統一前後の時期である。ベルリンが帝都となり、ひとりプロイセンに対してばかりでなく帝国全体に対してますます影響をおよぼすようになる時期だからだ。

　20世紀初頭、有効だったのは1861年の市域規定だった。これは今日のベルリン市と比べると狭いもので、ブランデンブルク門を囲む市街中心部ほどの範囲でしかない。それでいて、労働力の流入による人口過密現象、市内中心部の住宅問題、劣悪な住環境からくる疾病等々、世界都市ベルリンが新たに直面することとなった社会問題は少なくなかった。

　これら都市型問題に対する方策として考案されたのが、ホープレヒト改造計画（Hobrecht-Plan、1862年）を嚆矢とする各種ベルリン区域改造計画である。そして、そのいずれの計画とも深く連動していたのが市域拡張計画だった。通称「大ベルリン計画」（Groß-Berlin-Plan）。これは、旧来の市域に加えて、シャルロッテンブルク市、シュパンダウ市といった8衛星都市の他、59の地方自治体、27の管区を一挙に併合した大プロジェクトだった。これによりベルリン市は、その市域面積を従来の63,17平方kmから878,35平方km、およそ13倍に拡張したのである。その結果人口も387万9409人となり、ヨーロッパ

50

Ⅱ　社会と文化

1930年頃のフリードリヒ通り（© bpk / distributed by AMF）

主要都市どころか、ニューヨーク、ロンドンにつぎ世界第三の大都市になった。1920年成立の大ベルリン（Groß-Berlin）。これが、およそ現在のベルリンに匹敵する市街である。

　都市現象ベルリンとは単に都市空間のことではなく、そうした都市の空間特性と密接にむすびついた独自の都市型日常生活の総称である。

　プロイセンの都邑から世界都市になったベルリン。そこで生起する都市現象は、まさにこうした歴史的経緯を背景にしたできごとの連鎖だったのである。たとえば、立食式アッシンガー外食チェーン店に見られる、暮らしの隅々にいたるまで徹底追求した機械的合理性。古典音楽のドイツ的伝統から逸脱する、ジャズの中心地としてのベルリン。街頭でくり広げられる都市生活のテンポと群衆の匿名性。伝統的芸術の規範性が欠落しているゆえの、前衛芸術の実験場としてのベルリン。ポスト前衛芸術時代の心性としての即物主義（Sachlichkeit）等々。つまりは、伝統の欠落を、前衛の実験場のオープンスペースへと転嫁する柔軟性。こうしたことどもをすべて可能にしたのが、空間装置としての若い都市ベルリンだったのである。　（原　克）

注：Johann Gregor Memhardt: Grundriß der Beyden Churf. Residentz Stätte Berlin und Cölln an der Spree. 1652　in. Gunther Schulz: Die ältesten Stadtpläne Berlins. 1652 bis 1757, Weinheim 1986, S.11

映画のはじまり

◆世界都市ベルリンと映画

　ドイツ帝国の首都となったベルリンは経済の伸びもめざましく、人々を引き寄せて拡大を続け、ついに自ら「世界都市」と名乗るまでになった。そんな都市の膨張と歩みをともにして急成長したのが映画である。1895年11月1日、ベルリンのヴィンターガルテンで行われたスクラダノフスキー兄弟の「動く写真」の上映は大いに評判を呼んだ。リュミエール兄弟による映画の上映の1カ月前のことだ。時はまさに大発見の時代である。レントゲンがX線を発見したのも同じ月だ。スクラダノフスキー兄弟の映写機は、技術的な問題と、兄弟に特許をとろうという商売っ気もなかったことから早くにすたれてしまったが、後に続いたパイオニアたちによって、さらなる実験と改良が繰り返され、ドイツ映画は独自の展開をみせることになる。世紀の変わり目の1900年にパリで開催された万博では、映画は人気のアトラクションだった。「電気の時代」を象徴する万博にふさわしい娯楽だったといえるだろう。

　膨張を続ける「成り上がり都市」ベルリンに集まってきた労働者たちは、中間大衆層を形成した。それまでなかったサラリーマンという新しい職業が出現した。映画の成長を支えたのは、これらの新しい社会層だ。労働者階級の中でもとくに若い人々の間で、仕事のあとに映画、という娯楽の形が定着していく。観客数は増え続け、やがて映画専門の映画館が登場する。何千人もの観客を収容できる大きな映画館が登場するのは1908年ころだ。神殿のような立派な造りの映画館が出現した。「神は死んだ」と言われ、教会の権威が失墜してしまった時代に、映画館は教会の役割を担っていたといえる。まだ音声がなかった映画をピアノ伴奏が盛り上げ、大きな映画館になるとオーケストラが音楽をつけることもあった。上映前に徐々に館内の照明を落とすことで現実から夢の世界へといざなうというような工夫も凝らされた。シートに身をうずめた観客たちは、映画館の暗闇の中で同じ「夢」を見たのだ。

Ⅱ 社会と文化

◆ドイツ映画のパイオニアたち

　光学機器の製作者を父に持つオスカー・メスターは、新しい娯楽である映画にいち早く目をつけた。彼はリュミエールの映写機を参考にして改造を加え、自分でも映画を撮った。メスターの発明の中でもユニークなのは「音の出る映画」だ。歌手が唄っている映像に合わせてレコードで音を流したのだ。1903年8月のことだ。本格的なトーキー映画の出現に四半世紀も先んじていた。商才にもたけていたメスターは、映画を事業として拡大していった。大きなグラスハウスを建ててスタジオにして撮影を行った。当時は太陽光が重要な光源だった。メスターのもとにはまだ無名の俳優たちが集まり、カメラの前に立った。メスターは、駆け出しの俳優やカメラマンたちとともに次々にヒット作を送り出した。彼は娯楽映画のみならず、ニュース映画も制作した。映画という新しいメディアに、時の皇帝ヴィルヘルム二世も大きな関心を寄せていた。1897年5月に行われた造船所での進水式の際に、メスターは初めて皇帝をクローズアップで撮影することに成功した。皇帝はメスターの映画以外にも短編映画に好んで登場している。皇帝もまた、映画のもつプロパガンダ効果を早い段階から見抜いていたのだ。

　1913年までにアメリカやヨーロッパの多くの国で、史劇、探偵もの、コメディなどあらゆるジャンルの映画が作られた。映画はもはや「演劇のまねごと」ではなく、新しい芸術として出発しようとしていた。ドイツではこの年、353本の劇映画が作られている。その中に、後のドイツ映画の方向付けをすることになる重要な作品が含まれていた。『プラーグの大学生』だ。ドッペルゲンガー（分身）を主題とする怪奇映画である。主演は舞台から映画に転向したパウル・ヴェーゲナー。ひとりで二つの役を演じるという長年の夢を、ヴェーゲナーは映画で実現させたのだ。撮影を担当したのは、トリック映画をはじめとする数々のヒット作を手がけ、メスターのライバルとも言われた当代きってのカメラマン、グイード・ゼーバー。第一次世界大戦前夜のベルリンは、「映画都市」への確かな一歩を踏み出していた。　　　　（飯田道子）

ヴァイマルという「戦後」を生きる
──クラカウアーにおける第一次世界大戦の経験と記憶

　20世紀において、ドイツは「戦後」を二度経験している。一度目は第一次世界大戦の後である。この戦争に敗北したため、ヴェルサイユ条約で過酷な賠償を要求され、その不満からナチスが台頭したことは、世界史でも習う事柄だろう。とは言え「ヴァイマル共和国」は、「戦後」というよりも、第二次世界大戦というさらなる破局「以前」の時代として回顧されることが多い。そして「ドイツの戦後」というと、ほぼ自動的に第二次世界大戦後が思い浮かべられるのである。しかし、第一次世界大戦（以下、大戦と略す）こそ、世界規模かつ市民をも巻き込む総力戦によって刻印される現代世界の起点となったのである。ドイツでは男性人口の40％強の1300万人以上が軍隊に動員され、戦死者は200万人を超えた。銃後にあっても、人びとは軍需工場で働き、飢えに苦しみ、家族や親しい人を失った。ドイツの人びとはこの大戦をどのように経験し、戦後その記憶をどのように受け継ごうとしたのだろうか。大戦をテーマにした作品で有名なのは、ハリウッドで映画化もされたレマルクの『西部戦線異状なし』であろう。しかしここでは、ジークフリート・クラカウアー（1889–1966）の『ギンスター』という小説に光を当ててみたい。

　クラカウアーは、ヴァイマル時代、ベルリンを中心とする都市大衆文化の批評家として活躍した人物である。また友人のヴァルター・ベンヤミンやエルンスト・ブロッホと同様にユダヤ系で左派の立場に立つ彼は、敗戦後の危機の中で中間層が没落し、さらなる下層化を恐れる人びとがナチスの排外主義的主張に絡め取られていく状況を鋭く批判した。1937年にはアメリカに亡命し、映画の分析を通してナチス・ドイツの病理を暴いた『カリガリからヒットラーへ』（1947）で歴史に名を残すことになる。小説家としての活動はあまり知られていないが、ヴァイマル期に彼の名を高めたのが、大戦期を舞台とした自伝的小説『ギンスター』（1928）なのだ。以下では、まずクラカウアー自身がどのように大戦を経験したのか、振り返っておくことにしよう。

II　社会と文化

◆第一次世界大戦とクラカウアー

　1914年の夏、開戦はすべての交戦国で熱狂をもって迎えられた。ヨーロッパでは長らく平和が続いており、人びとは戦争を英雄的でロマンチックなもの、そして短期に終わる冒険のようなものと考えていた。さらに近代の産業社会の中で孤独や疎外感、倦怠感を感じる人びとは、戦争によって共同体意識を感じ、悪しき世界から解放されることを喜んだのだ。1871年にようやく統一国家となったものの、階級や宗派による対立が続いたドイツは特に、「すべての国民が一つになる」という陶酔に呑み込まれた。新興国ドイツはイギリスやフランスと競って覇権を握ろうとしたというだけではない。西洋諸国が近代において共有するようになった民主主義や自由主義を否定し、個を全体の中に組み込む「ドイツ固有の価値」のためにドイツは戦った。そして学者や作家など知識人もほとんどが、この戦争を支持したのである。

　開戦当時25歳で建築家として働いていたクラカウアーもまた、熱狂に駆られた一人であった。彼はすぐに志願するも、適性検査で不合格となる。そこでご多分に漏れず、愛国的な文章を書くことになる。1915年のあるエッセイでは、外面的な繁栄にもかかわらず、個々人の全人格に方向付けを与えるような大きな理念もなく、宗教感情も失われた「空虚な空間」に生きる苦しみが綴られる。人間にとっては、ある崇高な目的・理念に陶酔しながら己を捧げることが自然なのだという。そしてまさに戦争が、人間の内的な力を解放し、「大いなる全体」に属する喜びを与えてくれる、というのだ。前線には行かずとも、クラカウアーは、衛生兵としての勤務や、軍用墓地の設計の仕事を通して、自分なりの奉仕を続けた。大量殺戮兵器の出現により兵士の大量死に直面した交戦国にとって、戦没者を慰霊する墓地の建設は国家の緊急の課題となっていたからである。1917年秋、クラカウアーもついに召集され歩兵訓練を受けるものの、またも兵役不適性とされ、オスナブリュック市の土木課に配属、そこで敗戦を迎える。友人オットーの戦死や、歩兵訓練の経験を通して、次第に幻滅や厭戦気分を感じていたことは容易に推測される。とは言え、彼が反戦・革命運動に関わることはなかった。

クラカウアーによる、フランクフルトの軍人墓地の設計図
(1916年、Deutsches Literaturarchiv, Marbach am Neckar.)

◆ヴァイマルと「追悼の政治」

　ドイツは大戦に敗れた。しかし軍部や指導者層が責任をとることはなく、民衆の下からの変革運動を暴力的に弾圧する中で、ヴァイマル共和国は生まれた。ドイツは戦場で負けたのではなく、国内の反体制派やユダヤ人たちの裏切りによって敗北したという、「背後からの一突き」説がまことしやかに語られた。また、兵士は英雄的理想を体現する存在とされ、戦没兵は「英霊」として崇拝された。数多の戦没兵慰霊墓地や戦争記念碑が作られ、「国民追悼の日」の祝日が設けられた。1920年代も末になると、戦闘地への巡礼ツアーまで行われるようになったという。

　ヴァイマル共和国とは、「追悼の政治」に明け暮れた時代であったのだが、その要諦は、戦争の悲惨から目をそらし、戦死を、国家への栄誉ある犠牲、ドイツの来たるべき復活を招来するものとして讃えることであった。確かに、『西部戦線異状なし』は、塹壕戦の悲惨な現実と従軍した若者たちの苦悩を明るみに出し、大きな反響を呼んだ。しかしその出版はようやく1929年のことである。むしろ共和国の始まりから前線兵士の声を代弁したのは、幾度も重傷を負いながら果敢に戦ったエルンスト・ユンガーのような「英雄」であった。ユンガーは『鋼鉄の嵐の中で』(1920)などの作品を通して、苛烈な戦場をリアルに描きつつも、兵士の勇猛さや、極限状態で生まれる戦友同士の仲間

激戦地となったベルギー・フランドル地方の戦没兵慰霊墓地（撮影／廣瀬久起）

意識を強調した。こうして「戦争体験」は神話化されることとなった。

　このような戦後ドイツの状況の中で、クラカウアーの見方は、醒めたものになっていく。空虚の時代に生きるという心情は保たれたままであり、1920年代初頭には、己のルーツに戻って、ユダヤの信仰に救いを求めようともした。しかし、マルクスの読解を通じて、またベンヤミンやブロッホらとの親交を通じて社会批判的な視点が研ぎ澄まされるにつれ、既成宗教からも民族主義からも距離をとるようになる。しかし「革命の闘士」となったというわけではない。むしろ、マルクス主義のような大理論が見落としてしまうような、人びとの日々の営みに目を向けていこうとする。それを彼は、「生身の事物と人間にみたされ」た「現実性に開かれる」ことだと表現している。そして敗戦から10年、彼が『ギンスター』で試みたのは、「生身の人間」の眼を通して、大戦の時代を蘇らせることであった。

◆『ギンスター』を読む

　銃後にとどまった青年ギンスターの視点から、戦時下の日常が淡々と描かれるこの作品は、風変わりな戦争小説とみなされてきた。ギンスターの歩みはクラカウアーのそれとほぼ一致するが、しかし単なる個人的な戦争体験の回顧というにとどまらない。訳者の平井正が指摘するように、この小説は、著者の生活史と、戦時ドイツの「社会の伝記」とを統合させたものである。

ギンスターは、（この一点のみ作者とは異なるのだが）そもそもの始まりから、戦争への熱狂というものが理解できず当惑し、途方にくれる、およそヒーローとは言いがたい青年である。開戦に際して「国民」や「われわれ」という言葉が踊ったが、ギンスターには不可解なままである。彼が知るのは「ひとりひとりの人間」であり、「国民などと知り合ったことは決してなかった」。彼は戦争を憎んでいる。とは言え声高に反戦を叫ぶわけではない。むしろ、人びとの言動を擬態し、彼なりに順応しようともする。しかしそれが上手くいかず、周囲とズレてしまうのだ。友人オットーが志願したので自分も志願するが、兵役不適合となってしまう。人の口ぶりを真似て「ベルギーに進駐したことでわが軍は、フランスに楽に勝てる」などと言ってみるものの、彼がそう主張するや、周囲の人は、そう簡単に勝てないのではないか、と疑問を持ってしまうのだ。徴兵されて歩兵訓練を受ける場面は次のように描かれる。「みんなが十歩の間隔をおいて将校のそばを通過することになった。ギンスターは自分の番になるずっと前から、距離をゆるがせにしないよう歩数を数えた。……突如彼は跳ぶように足を踏み出した。彼はもはや同僚たちが目に見えず、空っぽの広がりでめくらめっぽう足をバタバタ動かした」。このようなズレが独特のユーモアを作品に与えている。ギンスターがチャップリンと比較される所以であろう。

　しかしギンスターは戦争に翻弄される無力な犠牲者であるだけではなく、戦争の圧を受けて変わりゆく日常の観察者でもある。例えば東部戦線でのドイツ軍進撃の報を聞きながら、人びとは犠牲者の数にも無頓着になっていく。「ギンスターは文房具店員の自意識が、死んだ敵の数とともに、目に見えて大きくなるのを見守っていた」。もはや「その数で表された人間のことを一緒に考えること」ができなくなるのだ。また、息子を失った母親はその死を名誉の犠牲として受け入れる。そのような振る舞いのもつ暴力性をギンスターは敏感に察知する。「彼女の金髪のもつれが、脅かすようにギンスターのほうにキラキラと輝いた」。「磨かれたナイフと金髪との違いは、金髪は遠くからでも傷つけることができるということだった」。さらに郊外での行軍訓練の様子は次のように描かれる。「足という足が大地をずたずたに引き裂き、足元もないのに前進した。しばしば足は空の雲を越えて行進し、水の中を渡るように雲間の青い空の裂け目を横切った」。人間だけでなく、自然もまた傷つけられ破壊されるのだ。

主人公は何事にも積極的に関わろうとしないが、しかし同時にそのことを通して、眼前に起こっているすべての価値を損ねている——このようにブロッホは、友人の小説に戦争批判を読み取った。ブロッホの言葉を補うならば、『ギンスター』は、戦争を終わらせようとしないヴァイマル期の「戦争神話」への異議申し立てでもあり、何よりも、戦争熱に駆られたかつての自分から訣別するための作業だったとも言える。それが明らかなのは、カスパーリ教授が登場するシーンである。教授は、各民族の「本質」を不変と見て、互いに相容れることのない民族間の闘争を肯定した哲学者マックス・シェーラーの戯画なのだが、クラカウアーは戦中にはシェーラーの戦争論を称賛していたのである。しかしギンスターがカスパーリ教授の講演を聴いて「自分の内部を覗き込む」と、「本質などありえず、四日後には入隊しなければならないという思いがあるだけだった」。ここには、戦争と敗北の経験を通じての、クラカウアー自身の〈学び〉があるのではないか。

　そしてギンスター＝クラカウアーの変容がもっともよく表れるのが、エピローグの場面である。敗戦から5年後、ギンスターは、オットーが憧れていた南仏の街マルセイユにいる。「空の青い国々、僕たちの国のようにいつも灰色でない国々。僕たちの国ときたら、たえず雨が降って、雲のない時でさえ空を灰色にする恐ろしい秩序が支配している。僕はまだ生きていたい」。そう書き残してオットーは死んだ。戦争を生き延びたギンスターは、南へと遁走する。さまざまな肌の色の人びとが行き交い、港湾労働者たちが働き、ぼろをまとった子どもたちが走り回り、「くずや洗濯物や汚物」にあふれ、「人間の汚れの臭いが魚の臭いとまじりあう」——。人間の多様な生の「むき出しの根底」が露わになる南方の港で、ギンスターははじめて解放感を感じるのだ。なるほど彼は「平和主義者」にも「社会主義者」にもならなかった。しかし「灰色の秩序」から身を剥がし、混沌とした多様な生へと開かれていく。この〈開かれ〉こそ、クラカウアーがヴァイマルという「戦後ドイツ」に求めたものだろう。

　周知のように、この解放された景色に、再び灰が降り積もる。私たちがあらためて知らねばならないのは、一度目の戦後にこのような〈開かれ〉の瞬間があったこと、そして二度目の戦後ドイツは、繰り返し、灰に埋もれたヴァイマルの遺産に立ち戻り、それに向き合おうとしていることである。　　（吉田治代）

ドイツ革命の闘士、ローザ・ルクセンブルクの生涯

　ティーアガルテンはベルリンの中心に位置する広大な森林公園である。市民にとっての恰好の憩いの場で、散歩やジョギング、家族連れのピクニックなど人々が思い思いに時を過ごしている。公園の北側を、ベルリン有数の河川であるシュプレー川が流れており、公園の南西端、ちょうど動物園のある辺りを、川と並走するように流れるのがラントヴェーア運河である。運河は、クロイツベルクから公園を抜けてシャルロッテンブルクに至り、そこでシュプレーの流れに合流する。春から秋にかけて遊覧船が行き来し、船上から眺めるベルリンの緑豊かな景観は、観光客の目を大いに楽しませる。

　1919年5月、この運河で一人の女性の惨殺遺体が発見された。女性の名はローザ・ルクセンブルク。ドイツ共産党の創設者の一人であり、ドイツ革命において中心的な役割を務めた人物であったが、この年の1月に、同志のカール・リープクネヒトらとともに軍の手で殺害され、遺体は、動物園の裏手の橋から運河に投げ捨てられたのであった。

　この稀有な女性の生涯を、主にパウル・フレーリヒの優れた評伝を手がかりにして辿ってみよう。

◆青春時代

　ローザは、1871年にポーランドのユダヤ人家庭に生を享けた。自由な気風の家庭で、幼少時より母国の、またドイツの古典に親しむ。文学、さらには音楽に対する関心は終生失われることがなく、彼女の生の支柱として、マルクス主義に匹敵する重要性を担った。

　高校在学中にすでに学生運動に身を投じ、「当局に対する反抗」を理由に、受けてしかるべき賞の授与を学校側から拒まれている。権威を、それが権威であるという理由だけで無批判に認めることをしない、生涯を貫く姿勢の萌芽がそこにはみられる。筋金入りのマルキストではあったが後年彼女は、ポーランド独立をめぐるマルクスの命題とは異なる見解を抱き、レーニンと対立する。これもまた自らの認識の自由を何ものにもまして固守するという彼女の思想的

Ⅱ　社会と文化

高潔さの結実の一つであろう。

　卒業と同時に、非合法の左翼グループに加わり政治闘争の世界に身を置く。
が、その活動が警察に知られることとなり、チューリヒへの逃亡を選択する。
この地の大学で、彼女は自然科学を専攻する。すぐに経済学に転向したものの、
動植物に対する彼女の、単なる関心を超えた感情移入を想起する時、この選択
を等閑にふすことはできない。冷徹無比の理論家、舌鋒鋭い弁論家、激越な煽
動家――いずれもローザの人物を言い当てているが、生物に寄せる深い愛情に
表れる人間性こそ、それらの背後にあって、しかも彼女を彼女たらしめる最も
重要な素因であった。「革命的情熱と並び広い人間的感情こそ、社会主義の生
命である。世界を転覆すべきであるとはいえ、そのために流された涙は釈明を
要求する。急務を果たすという理由で路上の一匹の虫を踏み潰す人間は、やは
り罪人である」[注1]。

　同志であるにとどまらず、私的にも重要な存在であったレオ・ヨギヘスに出
会うのもこの時期であった。彼はローザの理想的な批判者であり、思想的に未
熟な若い彼女の成長に大きく寄与する。二人はポーランド社会民主党を結成し、
1905年の革命では指導的な立場に就き、ともに投獄の憂き目に遭う。ローザ
とカールの死の真相を白日に晒したのは彼であった。その報復として、彼は警
察署内で殺害されローザの後を追う。

　学業を終えたローザは、自らの才能を活かすことのできるより広い舞台を求
め、1898年、偽装結婚という非常手段を用いて国際労働運動の中心であった
ドイツへ向かう。

◆ドイツ社会民主党で

　ローザが入党した当時、ドイツ社会民主党は修正主義によって揺れていた。
これは、社会状態の改良は議会制民主主義の枠内で福祉政策を推進させること
によってなすべきであるとする考えで、プロレタリア革命の存在意義を否定し、
ひいてはマルクス主義を骨抜きにしかねないものであった。ローザはこれに対
する反論の先鋒となり、その思想の深さと熱烈な闘志によって国の内外に広く
その存在を知られ、やがて労働運動の中心となる。

　集会で、短躯で小太り、軽く足を引きずるその姿を見た者は、彼女の演説の

61

成功をまず疑ったに違いない。しかし一度口を開くや、その言葉はたちまち聴衆の心を捉えた。当意即妙さ、適切な喩えによって、事の本質を分かりやすく示す才を彼女は有していた。鋭い理論をもって、聴衆を現実の認識と展望へと導く術を心得ていた。そして何よりも熱意と教養とが醸す彼女の真摯な人間性が、彼女に対する人々の信頼と確信を確かなものとした。

◆第一次ロシア革命から世界大戦へ

　民衆による自然発生的行動を何よりも重視していたローザは、「血の日曜日」に端を発するロシア人民の蜂起を喜びをもって迎え、その歴史的意義を明確にしようと努めると同時に、それをドイツの労働者階級にも理解させようと腐心した。当初は病のため行動が制限されていたが、事情が許すや祖国に向かい、結成に関わった社会民主党の闘争を指導する。しかし同志ヨギヘスとともに身柄を拘束され、死と隣り合わせの４カ月余りを獄中で過ごすが、それすら党への助言やパンフレットの執筆といった彼女の政治活動を停止させることはできなかった。

　ドイツへ戻ったローザは、社民党が設立した教育機関で経済学を講じ、教師としても優れた資質に恵まれていることを示した。単に知識を伝授するのではなく、科学的に思考することの重要さを彼女は教えた。学生は、身につけた新たな知識が他でもない、自らの思考の所産であることを知って驚いた。彼女は学生を知的に啓蒙するばかりでなく、道徳的に向上させることにも成功した。この教育活動から『経済学入門』と『資本蓄積論』が生まれる。

　この時期、ドイツの帝国主義と軍国主義に対する非難をローザはやめようとしなかった。反戦の戦術としてゼネストを唱えたものの、議会主義の上に胡坐をかく党執行部を動かすことはできなかった。彼らの態度は、彼女の眼にはブルジョワ国家に与する欺瞞に満ちたものに映り、結局は帝国主義を後押しする以外の何ものでもなかった。事実、ドイツの参戦と同時に党は戦争支持に回り、帝国主義陣営に加わることを決した。ローザが願った国際的な非戦運動の可能性が潰え、ナショナリズムに勝利を譲った瞬間であった。

　党への抵抗が急務と考えたローザは、志を同じくする数人と分派を結成する。後に「スパルタクス団」の名で知られることになるそのメンバーには、カー

ル・リープクネヒトも名を連ねた。続く数年、「両端に火のついた蝋燭（ろうそく）」に自らがなぞらえた、そのままの生を彼女は送ることになる。社会主義を再生させるという使命感が彼女の筆を駆った。だがその文書が元で彼女は大逆罪に問われ、15年に逮捕される。途中数カ月の釈放期間を挟み、拘禁は18年まで続く。

◆ドイツ革命

敗戦の色濃いドイツの軍港キールで、死地に追いやられようとしていた水兵の反乱が勃発する。彼らは労働者と団結して市を掌握するが、これがドイツ革命の始まりとなる。革命は瞬く間に各地に飛び火し、1918年11月に皇帝は退位、社民党を中心とした仮政府が成立する。だがこの政権は反革命的性格のものであったため革命派の首肯できるものでは到底なく、ローザとカールはあくまでもプロレタリア革命を推進しようとし、12月にドイツ共産党を結成する。

しかし資本家や軍と結託した政権の革命潰しは巧妙かつ強力であった。国民議会を口実にして労働者階級から革命の権利を奪い、他方でスパルタクス団を人民の敵に仕立てるべく煽動と挑発を進めた。

19年1月、親革命派の警視総監の罷免を契機に、ベルリンで労働者の武装蜂起が持ち上がり、政府は旧軍部を投入して革命派への武力弾圧を開始した。これにより革命派は鎮圧され、ローザとカールも虐殺される。「革命の未来の勝利は、今日の敗北から咲き出るだろう」[注2]——これがローザの最後の言葉となった。

国民議会選挙が実施され、社民党が第一党となったのはその死から4日後のことである。ヴァイマル共和国がこうして誕生するが、支配階層は帝国時代そのままに残された。　（佐藤修司）

ローザ・ルクセンブルク

注1：『ローテ・ファーネ（赤旗）』（1918年12月）
注2：『ローテ・ファーネ』（1919年1月）

ドイツ映画の黄金時代

　機関銃、戦車、毒ガスといった最新の大量破壊兵器が投入されたことで、第一次世界大戦の死者の数はそれまでの戦争とは桁違いに膨れ上がった。この戦争のもうひとつの新しい武器はメディアである。国民の心を戦争へと向けさせるため、国債や兵士を募るために、ポスターやビラが大量に作成された。第一次世界大戦は「メディア戦争」という側面を持っているのである。映画は、二重の意味でこの戦争に新たな局面をもたらした。戦争の全容が初めて映像に記録されたこと、そして敵国の悪いイメージを植え付けるための宣伝目的（プロパガンダ）に利用されたことだ。イギリス、アメリカの熾烈な映像戦略に遅れを取ったドイツは、巻き返しをはかるべく、1917年12月、国営の映画会社を設立する。当時乱立していた映画会社は、ウーファ（Universum-Film AG）として一本化された。戦況が好調だったことから、映画の供給を通して、ハンガリー、スイス、オランダ、ポーランド、バルカン地域からさらにウクライナまでをドイツの影響下に取り込むことが目論まれた。明確な政治的目的の一方で、映画は戦時の辛い日常を忘れるための貴重な娯楽でもあった。喜劇映画で人気を集めていたエルンスト・ルビッチや怪奇幻想映画で名を成したヴェーゲナーといった人気監督をはじめ、多くの人気俳優、スタッフを抱えるウーファは、豊富な資金力を背景に、話題作を次々に世に送り出した。

◆ヴァイマル共和国時代の映画

　1918年11月11日、ドイツの代表団は休戦協定に調印し、ドイツの敗北によって第一次世界大戦は終わった。ドイツ軍の戦死者は約180万人、戦傷者は425万人にのぼった。戦後処理の問題には、戦勝国のそれぞれの思惑がからんでいた。1919年6月27日に調印されたヴェルサイユ条約は、ドイツを戦争責任者として公然と非難するものであり、ドイツは単なる賠償金にとどまらず、長期間かけて戦争被害賠償金も支払わねばならないことになった。この時点で金額はまだ確定しておらず、最終的に1320億金マルクと決定されるのは1922年である。広大な領土の割譲を求められ、国際連盟への参加も許されなかった。

戦後のドイツ国民は、経済的な困窮に加えて、大きな屈辱感と、戦争による犠牲が何の価値もなかったとされたことにも衝撃を受けた。そんなドイツ人の精神状況を反映しているのが、1920年に公開された「カリガリ博士」だ。

「カリガリ博士」
(写真提供／公益財団法人川喜多記念映画文化財団)

「カリガリ博士」は、ドイツ表現主義[注1]の影響を色濃く反映した作品である。映画は書き割りのセットの中で進行する。背景はゆがんだ線で構成され、いたるところにぎざぎざ模様や混沌を表す渦巻がちりばめられている。殺人の衝動にかられた主人公が夢遊病患者をあやつって犯行を重ねるという主題には、20世紀初頭に流行した精神分析の要素がもりこまれており、日本の映像作家も「カリガリ」にヒントを得た作品を作っている[注2]。「カリガリ」は、ドイツ映画を一躍世界的に有名にした。そのころまでにベルリンには、制作、配給、公開まで一貫したシステムが完成していた。ウーファも戦後は私企業として再出発し、20年代には中心的な役割を担った。ドイツ経済が一応の安定をみる1924年ころまでの間のスクリーンには、不安な世相を象徴するかのように、吸血鬼や人造人間、死神といったモンスターが続々と登場した。経済状況が安定した20年代中期以降になるとモンスターは姿を消し、代わって写実主義や社会派の傾向が強くなっていく。三人の映像作家、ムルナウ、ラング、ルットマンの作品を取り上げてみていくことにしよう。

フリードリヒ・ヴィルヘルム・ムルナウは、「吸血鬼ノスフェラトゥ」(1922)において、スタジオのセットから出て自然の光景を多用し、「カリガリ」とは対極的な手法で恐怖を表現した。吸血鬼は現実の背景と溶け込むことで恐ろしさを醸し出す。「最後の人」(1924)でムルナウは、初めて移動カメラを起用した。制服を取り上げられた主人公の揺れ動く心の動きを、あらゆるアングルからのカメラが見事に捉え、主人公の職場であるホテルと、住居である安アパートを対比させながら、当時の大都市の生活の二面性を活写している。

「ファウスト」(1926)は光と影のコントラストによって作品の幻想的な雰囲

気を盛り上げている。メフィストとファウストが空を跳ぶシーンは、映画史に残るトリック撮影のひとつだ。

　フリッツ・ラングの作品の特徴は舞台装置（セット）にある。「ニーベルンゲン」（1924）はドイツの古い神話が元になっている作品だが、スタジオ内に作られた広大な森のセットは、明暗を生かした撮影方法によって幻想的な美が強調され、そこに登場する白馬に乗った若者は、ゲルマン神話のヒーローのイメージを構築した。後に、ナチスの宣伝大臣ゲッベルスが、自らが感銘を受けた重要な作品のひとつに挙げている。火を噴くドラゴンの大がかりな装置も評判を呼んだ。「メトロポリス」（1927）は、近未来都市を描いた、SFのルーツというべき作品である。地下社会において労働者は巨大な機械装置に繰られて、機械のように働かされている。労働者の暴動のシーンや地下社会の洪水のシーンでは、群衆をひとつの模様として表現している。人造人間を登場させたことも、この作品のみどころのひとつだ。「スター・ウォーズ」をはじめとする後続のSF作品のロボットの原型となった。ラングのトーキー第一作である「M」（1931）では、口笛というプリミティブな音をいかして殺人鬼の心境を表現し、恐怖を盛り上げるのに絶大な効果をあげている。フィルムノワールの原点ともいえる暗い画面構成には、ナチスが台頭した当時の世相が反映されている。精神を病む犯人像もきわめて現代的で、今日につながるモチーフだ。

　画家であり、版画家でもあったヴァルター・ルットマンは、表現主義やダダイズムの要素を取り入れた数々の実験映画を作っていたが、中でも重要な作品は「伯林大都会交響楽」（1927）だ。ベルリンの何気ない春の一日を、数々のショットと幾何学的な絵画模様のモンタージュによって横断的に構成し、都市のリズムを映画の上に再現して、ドキュメンタリーに新たな境地を開いた。そこには世界恐慌前夜のベルリンの様子が生き生きと映し出されている。これらの作品からは、当時の映画作家たちがジャンルの枠にとらわれず、実験精神とチャレンジ精神にあふれた作品を作り出していたことがうかがえる。　（飯田道子）

注１：表現主義：1910年頃にはじまった美術の領域の一連の運動。「印象主義」に対して用いられる呼称。既成の概念にとらわれない表現をめざした。

注２：『カリガリ博士』に触発された日本映画の作品に、川端康成原作・脚本、衣笠貞之助監督による『狂った一頁』（1926）がある。

III 社会と文化
——第二次世界大戦後

空から見たベルリンの中心、ポツダム広場。
円錐型の屋根を持つのがソニーセンター。
周辺にコルホフ・タワー、ドイツ鉄道本社などの高層ビルが建ち並ぶ。
東西ドイツ分断時代は無人地帯だった。
（©GNTB / Joachim Messerschmidt）

東西分断時代のドイツ

　第二次世界大戦後、ドイツは東西に分断された。ここでは戦勝四カ国による
ドイツ分割占領統治と東西の社会制度の違いを紹介するとともに、68年世代
（後述）が西ドイツ社会に与えた影響を振り返る。

◆敗戦による混乱

　1945年5月8日、ドイツは無条件降伏した。戦争の惨禍はもとより、ナチ
スの強制収容所で行われた残虐行為は、世界に大きな衝撃を与えた。同年11
月20日から翌46年10月1日にかけて開かれたニュルンベルク裁判では、「平
和に対する罪」と「人道に対する罪」という新しい概念が打ち立てられ、戦争
犯罪の遂行に携わったナチ高官らが裁かれた。ヒトラー、ゲッベルス、ヒムラ
ーはすでに自殺していた。

　しかし普通のドイツ人が戦争責任を自覚することはほとんどなかった。当時、
600万人ものユダヤ人をはじめ、同性愛者、精神病患者、宗教・政治上の信念
を抱いた人々、ロマの人々なども虐殺したナチスの犯罪行為が明らかになって
も、人々の罪の意識は希薄だった。彼らは瓦礫を片づけ、闇市や近郊農村へ買
い出しを行い、日々の生活をしのぐのに精一杯だった。戦時中の激しい空襲で
多くの都市は廃墟となったばかりか、オーダー川とその支流のナイセ川を結ぶ
線以東の領土を追放されたドイツ人難民が流れ込み、国土は被災者であふれて
いた。

　戦争による住宅やインフラの破壊、ナチス政権の崩壊にともなう政治的空白
などによる混乱に加えて、アメリカ、ソ連、イギリス、フランスの戦勝四カ国
が小さくなった国土を分割占領（159頁地図参照）したことは、被占領国となっ
たドイツの人々の敗北感を一層深めた。やがて強制収容所での虐殺行為が明ら
かになっても、人々はそれを「知らなかった」と言い、ヒトラーと取り巻きや親
衛隊などの一部集団のせいにして、自らの道義的責任を考えることはなかった。

Ⅲ　社会と文化——第二次世界大戦後

空の架け橋（©bpk / distributed by AMF）

◆東西ドイツ分断国家の成立

　戦勝４カ国はそれぞれの担当地域に軍政府を設立して直接占領統治を行った。同じ敗戦国だった日本では天皇は元首から象徴へと変質したものの依然として存続し、中央政府も解体せず、これを通して連合国軍司令部（GHQ）が占領政策を実施する間接占領だったことと対照的である。

　米英仏ソの思惑は当初から食い違っていた。ドイツと何度も戦火を交えてきた隣国フランスは、ドイツが再び強国になることを望まず、復興に消極的だった。イギリスとアメリカはソ連に対抗しうる西ヨーロッパを早急に再建するため、経済に重点を置いたドイツ復興を早期に進めようとしていた。

　さらに、第二次世界大戦で膨大な数の犠牲者を出したソ連は、占領地区の共産主義化をめざして米英仏と対立した。米英仏占領地区で旧来のライヒスマルクを新たなドイツマルクに切り替える通貨改革が実施されたことに反発したソ連は、48年６月西ベルリンに向かうすべての道路と鉄道を封鎖した。200万人もの西ベルリン市民の食料が尽きる恐れが生じた。事態を憂慮した西側諸国は、西ベルリンの空港に数分刻みで輸送機を派遣して食料、燃料、医薬品、生活必需品などを空輸し、市民の生活をほぼ一年間支えたのである。49年５月

69

にソ連が封鎖を解除するまで続いたこの空輸作戦は「空の架け橋」と呼ばれ、アメリカへの親近感が西ドイツに浸透する大きな要因となった。

　ベルリン封鎖を通じて米英仏とソ連の対立は決定的となり、翌49年5月に米英仏占領地区にドイツ連邦共和国（西ドイツ）が、10月にソ連占領地区にドイツ民主共和国（東ドイツ）が建国された。西ドイツはボンを首都と定め、暫定憲法である基本法（126頁参照）を制定し、地方分権制に基づく資本主義体制の国家となった。一方、新憲法を制定して東ベルリンを首都とした東ドイツは農工業分野の集団化と国有化を推し進め、社会主義統一党（実質的には共産党）のもとで中央集権的な社会主義体制を築いた。

　こうして東西ドイツは、米ソ超大国を中心に世界中の国々が対峙し合う冷戦の最前線に位置することになった。西ドイツが55年にドイツ連邦軍を発足させて北大西洋条約機構（NATO）の一員となると、東ドイツは同年に結成されたワルシャワ条約機構に加盟し、翌年に人民軍を設立した。同じドイツ人同士が軍事的に敵対することになったのである。

◆ナチ関係者の追放── 「非ナチ化」の実態

　占領下のドイツでは、旧ナチ党員を公職から追放する非ナチ化政策が実施されたが、冷戦が進む中、この政策は東西ドイツそれぞれの国情を反映しつつ、やがて終焉した。

　戦前のドイツでは、国民の大多数がナチ党員だった。これらの人々をことごとく社会から追放しては、戦後復興はありえなかった。加えて、一人ひとりのナチ党との関わり合いを占領軍がどのように判定するかという問題もあった。

　アメリカ占領地区では、すべての成人に質問票を記入させて、ナチ党との関わり合いを判定しようとした。46年5月末までに100万人を超える対象者の審査を行ったが、途方もない手間と時間がかかったばかりか、判定の公平性を保つことも難しかった。冷戦が進む中、対ソ防波堤としての西ドイツ復興を優先したアメリカは非ナチ化への関心を失い、戦犯となった元ナチ党員の多くも恩赦されて社会に復帰した。

　ナチ関係者の戦争責任を問う声が西ドイツで本格的に高まるのは、アウシュヴィッツ裁判を経た60年代末に若者たちが戦後体制への異議申し立ての声を

挙げてからだった。ナチ関係者の戦争責任を追及する世論の高まりを受けて65年と69年に殺人の時効が延長され、79年には廃止されるなど、ナチスの犯罪を追及する態勢が確立し、再統一後の現在にいたっている。

　ソ連占領地区の非ナチ化はアメリカ占領地区よりも徹底していた。ソ連の後押しを受けて権力の座についた同地区の政治指導者の多くは、ナチス政権に弾圧されてモスクワなどに亡命していた共産主義者だったからである。東ドイツの政権運営にたずさわった彼らは、かつて自分たちを迫害したナチ関係者が新しい社会の建設にたずさわることを認めなかった。そのためナチ党員だけでなく、大土地所有者や大資本家も追放され、代わりに共産主義者が社会の要職に就いた。しかし東ドイツでも、すべてのナチ関係者を社会から追放しては、国が成り立たない。そのため戦争犯罪に無関係だった一般のナチ党員や、軍事、警察、産業、医療などの分野で専門知識をもつ人々は、非ナチ化の対象から除外され、戦後復興にたずさわった。

　90年代の東西ドイツ再統一後、東ドイツの非ナチ化には問題があったという指摘がなされた。「反ファシズム・民主主義の労働者国家」という理念を掲げた東ドイツは、ファシズムを打倒した国家であると自らを規定したため、ナチズムはすでに克服されたことになっていた。過去の克服が社会の課題になることはなかったのである。このため再統一後、失業率の高い旧東ドイツ地域にネオナチの事件が頻発すると、東ドイツはナチズムに対する真摯な反省の意識を育てなかったと批判されることになった。

◆東西ドイツの違い（1）東ドイツ：自由を抑圧する監視国家

　このようにドイツが東西に分断されていた1949年から90年までの間、両ドイツは異なる道を歩んだ。両者の違いを簡単に概観しよう。

　東ドイツでは社会の進歩が強調された。私有財産に代表される旧弊な社会制度を改革して、産業の国有化や農業の集団化などの社会主義体制を実現することが進歩と見なされた。しかしこの進歩は人間の自由を抑圧した。党の認める進歩だけが許されたからである。

　劇作家ベルトルト・ブレヒト（1898-1956）の生涯が参考になる。ヴァイマル共和国時代のベルリンで新進気鋭の劇作家として活躍したブレヒトは、

1920年代後半に思想家のヴァルター・ベンヤミンらと知り合い、マルクス主義思想に傾倒して斬新な政治演劇の可能性を切り拓いた。ナチス政権の成立とともに国外に亡命し、48年に東ベルリンに戻ってベルリナー・アンサンブルを結成した後、『肝っ玉おっ母とその子どもたち』などの叙事的演劇で世界的な名声を獲得した生粋の左翼演劇人である。

　マルクス主義思想と演劇を融合し、進歩的作家のお手本のような活躍をしたブレヒトだったが、社会主義統一党内部から「国民大衆から遊離した頽廃デカダンス」であるという批判が起きた。社会主義の未来を明るく描く作品だけが是認され、社会の矛盾を描く作品は否定された。すでに西側諸国で有名だったブレヒトは弾圧を免れたが、彼の死後、弟子や後継者らの中には、作家同盟から除名されて作品発表の機会を奪われたり、炭鉱労働に従事させられたりした者も出た。東ドイツの政治体制は、非情で冷酷な抑圧組織でもあった。国家秘密警察（シュタージ）がスパイ網を張り巡らし、対象者の日常の隅々にいたるまで報告させる監視国家だったのだ。

　冷戦が進む中、68年に新たな憲法を制定した東ドイツは、その前文にアメリカ主導の帝国主義が西ドイツと結託してドイツを分割しているとの一文を加えた。けれども一般の人々にとって、西側諸国の社会と文化はあこがれのまとだった。61年に作られたベルリンの壁は、自国の人々が西ドイツに逃げるのを防ぐために東ドイツ政府が作ったものである。自由の魅力は、東ドイツの人々の心をとらえていた。壁が出来た後もアンテナを西に向け、西ドイツのテレビを見る家庭は多かった。

　80年代に入ると、ソ連と東欧圏の経済は停滞した。西ヨーロッパ諸国の豊かさに比べて、東側諸国の貧しさは隠しようもなかった。85年にソ連共産党書記長となったミヒャエル・ゴルバチョフの下で、ソ連はペレストロイカ（改革）を推し進め、社会主義体制の刷新をめざしたが、一党独裁と硬直した官僚制による国力の衰退を防ぎ止めることはできず、86年に起きたチェルノブイリ原発事故のダメージを受け、91年12月に解体した。

　そのほぼ2年前の89年11月、東ドイツ市民が殺到したため、西ドイツとの国境は意味を失った。ベルリンの壁崩壊である。90年10月、東ドイツは西ドイツに編入されて消滅した。これは選挙を通じて示された東ドイツ市民の自由

ベルリンの壁崩壊 (©bpk / Dietmar Katz / distributed by AMF)

意思による選択であり、武力行使のない平和革命であった。原則的に完全雇用が実現し、男女平等への社会的配慮が実施されていた東ドイツだが、それは一党独裁の権威主義的政治とシュタージによる市民監視の帰結であり、自由と豊かさを求める人々の意思を抑えることはできなかった。

◆東西ドイツの違い（2）西ドイツ：若者たちの反乱と緑の党
　最後に、東ドイツの人々が憧れた西ドイツの「自由」を象徴するエピソードを紹介しよう。後に連邦副首相兼外務相に就任する緑の党のヨシュカ・フィッシャーの80年代半ばの姿である。
　1985年12月、ヘッセン州環境相に任命されたフィッシャーは、州議会で行われた宣誓式にラフなジャケットとスニーカーで登壇した。当時スニーカー履きで議場に現れる議員など、非常識以外の何ものでもなかった。フィッシャーはあえて人目を惹くパフォーマンスを行い、彼自身の属する68世代の存在をアピールしたのだ。
　1968年、世界各国の若者による反体制・民主化運動が頂点に達した。この

フィッシャーの州環境相宣誓式 (© picture alliance / dpa)

運動を担った当時の若い世代を、ドイツでは68年世代と言う。日本の全共闘世代にあたる人々である。

戦後生まれの68年世代は、戦前・戦中世代の価値観と激しく対立し、親世代の戦争責任を問うた。一部の若者は急進的な運動を行い、70年代後半には赤軍派が誘拐やハイジャック事件を起こすなど、ドイツ社会に深い傷跡を残した。

フィッシャーの政治活動歴は、フランクフルト大学で哲学者アドルノや社会学者ハーバーマスらの講義に潜り込み、学生運動に身を投じた60年代後半にさかのぼる。自動車工場に就職して労働者を組織したり、火炎瓶で警官が重傷を負う事件の関連で逮捕されたりするなど、過激な活動の前線にいた彼だったが、70年代後半に運動を離れて政党活動を志ざし、81年に平和と環境保護をめざす緑の党に入党した。以後緑の党は、フィッシャーらが進めた現実路線を軸に据えて、地方議会のみならず連邦議会でも勢力を伸ばした。環境破壊や原発事故、核戦争の不安が広がる中、キリスト教民主・社会同盟（CDU・CSU）や社会民主党（SPD）らの既成政党に飽き足らない人々が、第三の勢力として緑の党を支持した。社会に出た68年世代の若者たちはさまざまな分野で活躍し、ナチズムを生んだ権威主義的社会を内側から変えた。異質な他者を排斥する偏狭な主張に対しては、移民に寛容でマイノリティーを包摂する世論がかならず起こる。このような声を代表する政党が緑の党であり、フィッシャーはその象徴的存在だった。

90年10月3日、東西ドイツが再統一した日、リヒャルト・フォン・ヴァイツゼッカー大統領は記念式典で東西ドイツの融合を呼びかける講演を行った。

Ⅲ　社会と文化 ——第二次世界大戦後

その中に、西ドイツ68年世代の評価に触れる一節がある。

　　まず西側についてですが、（……）世代間、さまざまな社会的グループ
　や政治的見解の間に深刻な争いがあったことは事実であり、ときにはかな
　り激しいことにもなりました。しかし、（……）60年代末の若者の反乱は
　多くの傷痕は残したものの、社会に民主的に参加するという姿勢を固める
　ことになりました。

（ヴァイツゼッカー／永井訳『ドイツ統一への道』岩波書店、191頁）

　荒ぶる若者たちというイメージが強い68年世代だが、ヴァイツゼッカーの
述べるように、彼らが声を挙げた結果「社会に民主的に参加するという姿勢」
が定着したと、その活動を積極的に評価するのが今日のドイツの趨勢である。
68年世代は、ナチズムを生んだ権威主義的なドイツ社会が、誰もが対等に意
見を述べ合う民主的な社会へと変貌するための重要な役割を果たしたと言える
だろう。

　98年9月の総選挙で勝利を収めたゲアハルト・シュレーダー率いる社民党
（SPD）は、緑の党との連立政権を組んだ。フィッシャーは連邦副首相兼外相
の地位に就いた。環境税の導入にはじまり、国籍法の一部改正（出生地主義の部
分的採用）、同性婚パートナーの法的地位、商用原子炉の新規建設禁止と既存原
子炉の平均稼働期間32年の設定など、地球環境に配慮した多元的多文化社会
へ向けての重要な改革が実施された。この一連の改革を通してドイツ社会は、
21世紀のEUにふさわしい民主的成熟を示したのである。

　その一方で、連立政権を担った緑の党は安全保障上の苦い経験をした。98
年10月、連邦議会はNATOの対セルビア軍事活動へのドイツ連邦軍の参加を
可決した。ヨーロッパを蹂躙したナチズムの過去の反省からNATO域外派兵
に極めて慎重だったドイツが、NATO軍の一員として連邦軍を域外に派遣し、
空爆を行ったのである。人道的介入の名のもとに一線を越えた瞬間だった。

（新野守広）

75

移民が変えたドイツのサッカー

◆二つのワールドカップ優勝の間

　2014年ワールドカップ（W杯）ブラジル大会で、ドイツ代表が優勝した。前回の優勝は1990年のW杯イタリア大会（東西再統一の数カ月前）だから、四半世紀振りの優勝だが、同じドイツ代表でもチームの様相はずいぶん違っていた。

　勝負強さで知られるドイツ代表サッカーチームは、1990年のイタリア大会ではきわめてオーソドックスな形のチームだった。ドイツ伝統の優れたゴールキーパー、充実した守備陣と攻撃陣を軸に、活動量の豊富な両ウイングと攻撃陣の後方で守備と攻撃のつなぎ役のボランチ、それぞれがチームの規律を守る、攻守のバランスが取れたいいチームだった。

　ところが、ブラジル大会のドイツ代表は「正統的」とは言い難く、攻撃陣、守備陣、いずれも能力の高い選手揃いだが、それぞれプレーの幅が広く、お互いに重なるのである。例えば、フォワードのミュラーのプレーは動く範囲が広く、ゴール前にじっとしていない点取り屋だった。

　そして、なりより目立った変化はチームを構成する民族の多様性である。中心選手のうちクローゼとポドルスキーはポーランドからの帰化、エジルはトルコからの帰化、ボアテングはガーナとのハーフ、ケディラはチュニジアとのハーフ、というように中心選手のうち５人が民族的には、いわゆるドイツ人ではない。前回、イタリア大会での優勝時の代表メンバーが基本的にドイツ人のチームだったことを考えると、大きな違いである。

◆ドイツ代表に新たな個性

　その萌芽は1990年代半ばに遡る。当時の代表監督リベックはドイツに帰化した２人のブラジル人選手を代表チームに召集した。次のクリンスマン監督は、批判的な保守層に配慮して、ドイツ国籍を取得したブラジル系のデデを召集しなかった。おそらく国民全体の考えを変えさせたのは、1998年のフランス大会で、アルジェリアからの移民２世ジネディーヌ・ジダンを中心とするフランス代表が優勝したときだった。このときジダンをはじめとするフランス代表の

Ⅲ　社会と文化 ──第二次世界大戦後

移民の子孫たちは、フランス社会における移民の存在価値を認めさせた。

　1999年のドイツの国籍法改正の影響も考えられるが、2001年にガーナ生まれの黒人選手ゲラルト・アモアが初めてドイツ代表の白いユニフォームを着た。2006年W杯ドイツ大会では、ポーランドから帰化したクローゼやポドルスキーが中心選手として活躍した。しかし、季節労働者として戦後のドイツの奇跡の経済復興を支えたトルコ人の2世、3世で、ドイツで育ち、ドイツのクラブで活躍をしたバシュトゥルクやアルティントップらはトルコ代表でプレーすることを選んだ。トルコ人はイスラムによる慣習を守ろうとし、ドイツ人はトルコ人のドイツ社会への同化を求めた。両者の間にはそのような確執があった。

　しかし、トルコ代表は2002年W杯日韓大会で3位（ドイツは準優勝）になり、ドイツでも賞賛された。2006年のW杯ドイツ大会の本大会にトルコ代表は進めなかったが、かつてはドイツ社会から隔離されていると感じていたトルコ系住民のなかでも、日韓大会以来ドイツを第2の故郷とみなす人が増え、ドイツ代表を応援するという光景が見られた。そして、トルコ国内でも、ドイツ国籍を取得するとトルコ国内の財産が没収されるという財産権の法的規定を改定して、トルコ人のドイツへの帰化を容易にした。サッカーが言葉や文化的な差異を縮める〝橋渡し役〟となったとも言われる。

　W杯ブラジル大会でクローゼはW杯通算16点の最多記録を記録した。ボアテングは全試合に先発し、しなやかな体を利用した守備で、決勝でもアルゼンチンのメッシを抑えた。ケディラはけがで決勝戦を欠場したが、7–1でドイツ代表がブラジル代表に圧勝した準決勝、いわゆる「ミネイロンの惨劇」で得点している。もう一人、トルコ系の移民3世のエジルはボアテング同様全試合に先発し、いわゆるトップ下というポジションで、正攻法になりがちなドイツの攻撃のテンポに変化を加えるなど、多様な動きをする攻撃陣の要となった。エジルが先述したアルティントップとは異なり、ドイツ代表入りを選択したことには、エジルの出身地ルール工業地帯の性格があった。1960年代から移民が多く、元々のドイツ社会と移民社会の共生が進んでいたルール工業地帯で、エジルは異なる文化的背景、身体的特徴を備えた移民の子どものひとりとして、ドイツ代表に新たな個性をもたらしたと言えよう。W杯ブラジル大会で優勝したのはまさに多様な文化が混ざったドイツ代表チームだったのだ。　（梶谷雄二）

ドイツ人のリテラシーを支える新聞・雑誌

◆新聞・雑誌

　森鷗外の『舞姫』には、職を解かれた豊太郎が連日カフェにいりびたって新聞を読み漁り、これはと思う記事を翻訳して生計を立てる様子が描かれている。ドイツのカフェでは今も、コーヒー一杯でじっくり数紙の新聞に目を通している人の姿が見られる。ドイツは新聞大国だ。インターネット版の普及によって紙媒体の新聞の読者は減少傾向にあるとはいえ、毎日351紙の日刊全国紙が発行され、週刊新聞も21紙発行されている。地方分権のお国柄を反映して313紙もの地方紙が発行されている。

　ドイツの新聞は読者層を如実に反映している。知識層や収入の高い社会層に受け入れられ、世論形成に大きな役割を担うクオリティの高い高質紙と、大学教育を受けていない層や、語学に堪能でない外国人の読者が多い大衆紙に分かれる。ドイツでトップレベルの読者数を誇る保守系の高質紙フランクフルター・アルゲマイネ（FAZ）の場合、2014年上四半期の定期購読とスタンド販売を合わせた販売部数は約25万部だという（広告媒体情報協会の資料による）。よく読まれている高質紙には、リベラルで人気の南ドイツ新聞（SZ）や経済紙ハンデルスブラット、ヴェルトなどがある。しかし、こと発行部数に関していえば、最大数を誇っているのは実は大衆紙だ。最大の発行部数を誇る大衆紙ビルトの同期の販売部数は、約200万部だという。

　記事内容は、高質紙と大衆紙では大きく異なる。高質紙が扱うテーマは、政治、経済、社会、文化の全般にわたり、解説記事を多くとりいれ、事件そのものよりも、その背景や分析に大きな比重が置かれている。それに対して大衆紙は、センセーションを狙ったゴシップ記事や事件ネタが中心で、写真も多く、文章は平易だ。

　一般家庭では、全国紙よりも地方紙を定期購読していることが多い。ベルリンの例をあげると、家庭で定期購読して読まれているのは、ターゲスシュピーゲル、taz、B.Z（大衆紙）などの地方紙だ。地元密着の記事が多い。ドイツの他の州でも事情は変わらないだろう。

新聞と並んで世論形成に大きな役割を担っているものに週刊雑誌がある。海外メディアにもよくとりあげられるシュピーゲル誌がその代表だ。毎号のテーマ記事は分析度も高く、扱う内容は、時事ニュースから文化、科学、社会全般にわたっている。対抗誌として、やや若い層向けのフォークス誌がある。また、週一回発行の週刊新聞ツァイトのように、書評や演劇、文化記事に重点が置かれ、文芸誌なみのボリュームのある新聞もある。ナチ時代の検証は、記念日などに関係なく、新聞、雑誌、テレビなどのマスコミでことあるごとに取り上げられるテーマだ。

ドイツの新聞・雑誌

◆テレビ

ドイツのテレビの主力を担ってきたのは公共放送チャンネルだ。1950年、9つの公共放送協会が集まってドイツ公共放送連盟（ARD）を形成し、「第一ドイツテレビ」というチャンネルを共同運営している。ARD は、海外向けのラジオ放送「ドイッチェ・ヴェレ」のほか、いくつかのラジオ番組を放送している。後発の「第二ドイツテレビ（ZDF）」は1963年にマインツを拠点として放送開始した。どちらも受信料とコマーシャル収入が収入源だ。この他に、ARD 加盟各局が担当地域向けに放送を運営する「第三チャンネル」がある。

ドイツのテレビ放送では、映画やスポーツ番組はコマーシャルなしに放映される。コマーシャルは夕方の決まった時間にまとめて放映されている。ARDと ZDF は、独仏共同開設された質の高い文化番組専門チャンネル ARTE に参加しているほか、衛星チャンネルにも参加している。

1984年に初の民間放送 SAT1が開局して以来、民間放送が続々と開局した。現在では音楽やスポーツ専門のチャンネルや、ペイ・テレビも参入している。主にケーブル放送や衛星放送で受信し、ほんどが広告収入に拠っている。

（飯田道子）

現代舞踊の頂点を極めたピナ・バウシュの世界

　舞台一面ピンクのカーネーション。《世界は美しい》(レハール曲)が流れ始めると、正装した男女のダンサーたちが手に手にアームチェアーをもって登場し花畑に腰掛ける。やがて、一人二人と立ち上がり、足許の花に気遣いながら客席に降り、各々異性の観客に何か囁くと、腕を組んで客席から出ていく。再び、花だけになった舞台では、中央に立った男が手話の動きを始め、その動きに「いつか、彼はやって来る／私の愛するひとが／彼は大きくてたくましい／私の愛する人／……」と歌詞をつけると、このガーシュインの《私の愛するひと》が流れ、男の手話と同期する。手話が終わると、上手で、胸にマイクをあてた別の男の心音が客席に響き、上手から登場した白いブリーフ一枚でアコーディオンを抱えた女が下手で観客の方を向くと、そのまま踵を返して上手から退場する。入れ替わりに、小さなバケツもった女が舞台中央に立ち、バケツの土を掬っては何度も頭から浴びると、母と子の一人芝居をする。「静かにしなさい！泣きやみなさい。壁に貼り付けますよ！来なさい！歩くときは足を使いなさい、足を！どうしたいのよ？いつも同じ騒ぎ。時間がないのよ。わかってるでしょ。ドアは閉めておきなさい。何が不服なの？近所中に聞こえてもいいの？」「お母さーん！」

　これは、1982年に初演されたピナ・バウシュのタンツテアター(ダンスシアター)作品《カーネーション》の冒頭だ。バウシュのタンツテアターは名前から想像されるようなダンスによる演劇ではない。そこでは、断片化された場面が、コラージュされた音楽とともに一度には把握できないほど重なり連なってゆくが、その連なりに筋はなく、全体を一括りにして意味やメッセージに回収することもできない。バウシュの作品をみていると、感覚や情動を伴った既視感が頻繁に立ち上がってくる。それは、各々の観客の個人的な体験と結びついた既視感であり、また、同じようなモチーフが様々な作品のなかでかたちを変えて繰り返されることから生じる既視感でもある。誰にでもある幼少年期の思い出や男女の関係は、バウシュ作品の心象世界の核心だが、それらを受けとめる観客のなかでは、名指しがたい何かが兆す。それは、その光景によって励起

された、みる者の中で抑圧されていた感覚や情動だ。バウシュの作品は、それをみる者がふだん抑圧している感覚や情動を解放するための合鍵、ドキッとするような体験を誘発する装置なのだ。

バウシュ作品の創作は、彼女がたてた何百という問い（例：「かつて私は泣いた」、「孤独のイメージ」）に、それぞれのダンサーたちが、せりふや歌や動作や小道具を使って答えるプロセスから始まる。そこには、「ひとがいかに動くかではなく、何がひとを動かすのかに関心がある」という彼女の信条があった。様々な個性と文化的背景をもった多言語、多国籍のダンサーたちからサンプリングされた個人的な体験は、リハーサルを通して何度何度も濾過され、それらをバウシュが取捨選択して音楽とともにコラージュしたあとでは、観客が感応可能な汎用的なものへと凝縮され、ステージに登場する思い出や男女の関係は観客のものと共振し、観客はローラー・コースターに乗ったように、息を詰めながらステージ上の一瞬一瞬に、笑い、呆れ、混乱し、泣き、喝采することになる。

◆タンツテアターの登場

第二次世界大戦後、西ドイツの復興期には、「実験はいらない」という選挙スローガンのように、演劇では古典、舞踊ではバレエの上演が大勢を占めた。それは、マリー・ヴィグマン、クルト・ヨースなど、戦前からの表現舞踊（Ausdruckstanz）の舞踊家たちにとっては逆境の時代となった。

1960年代末になると、68年運動（73頁参照）にみられる社会状況を背景に、演出家ペーター・ツァデックのシェイクスピア作品や、ペーター・シュタインの《トルクヴァート・タッソー》（1969）のような、社会的なコンテクストのなかで身体の意味を問いかける演出家主導の演劇レギーテアターが興隆してくる。この時期に舞踊界に登場したのが、新しいタンツテアターだった。それにはまた、1960年代半ばにヨーロッパで活動したアメリカの劇団〈リビング・シアター〉の身体性と集団的演出、身体そのものをテーマにしたアメリカのポストモダン・ダンスのインパクトも与っていた。

この新しいタンツテアターの担い手の中にはバレエ出身のヨーハン・クレスニクのように戦前の表現舞踊とは接点を持たない振付家もいたが、ゲルハルト・ボーナーはヴィグマン、ピナ・バウシュ、ラインヒルト・ホフマンはヨー

ス、ズザンネ・リンケはヴィグマンとヨースの許で学んでいる。

新しいタンツテアターの担い手たちの作品には、ヨースのタンツテアター《緑のテーブル》(1932) のような物語の筋はない。むしろ、断片的な物語がコラージュされ、さらに、身体が、体験が書き込まれた場所、個や社会の記憶の場所として徹底的に洗い出される。しかし、その手法は、演劇的でつねに政治的煽動的なクレスニクから、陰影のある個の体験と記憶を身体の動きへと執拗にアーティキュレーションするバウシュまで多様だった。

1973年、バウシュは、小編成のフォルクヴァング・バレエの振付家から、ヴッパタール市立劇場舞踊監督に抜擢され、翌年、少年が悪夢のような世界を経巡る《フリッツ》と、ダンス・オペラ《タウリスのイフィゲネイア》(グルック曲)、1975年には、ダンス・オペラ《オルフェウスとエウリディーチェ》(同) と、舞台を土で覆った《春の祭典》(ストラヴィンスキー曲)を発表する。春を迎える大地へ感謝のしるしとして若い女性を生贄として選び出し、その生贄が命を断たれる暴力的で不条理な終末の一打に向かっていくバウシュ版《春の祭典》は、20世紀モダンダンスのひとつの頂点だ。

◆ピナ・バウシュのタンツテアター

その後、バウシュは、タンツテアターを独自のスタイルで展開していく。その転換点となったのは、ブレヒトとヴァイルのソングシュピールによるレヴュー《七つの大罪／怖がらないで》(1976) や、ツァデックに招かれてボーフムで制作した《マクベス》による《彼は彼女の手を取り城に誘う ― 皆もあとに従う》(1978) の際のダンサーや俳優などとの共同作業だった。このときに、バウシュの質問に出演者たちが、せりふや歌や動作やダンスなどで答え、それを彼女が取捨選択してコラージュする創作方法が本格的に採用される。これによって、音楽とともに、断片化された場面がコラージュされてゆくレヴューの手法が、問いと答えのプロセスによって更新され、一度には把握できないほどたくさんのシークエンスが重なり合いながら連なってゆくというバウシュのタンツテアターの手法が確立されたのである。

バウシュは、1977年、ナンシー国際舞台フェスティバルに登場して以後、パリ、ニューヨークなどでの公演を通じて演劇、舞踊の垣根を越えて国際的に

Ⅲ　社会と文化 ——第二次世界大戦後

評価され、その作品と方法は、その後の演劇、舞踊に決定的な影響をあたえることになる。

　1986年のローマの劇場との提携作品《ヴィクトール》は、こうして確立されたバウシュのタンツテアターのひとつの頂点であると同時に、世界の諸都市、地域の制作者、フェスティバルとの共同制作の嚆矢だった。また、使われる音楽も、古今の西欧の音楽から、世界各地の民族音楽や現代音楽へと広がっていった。こうした舞台制作は、後のグローバル化時代のパフォーミング・アーツの有り様を先取りし方向づけるものでもあった。

　次の変化は、《パレルモ、パレルモ》(1989) から徐々に始まり、《フェンスタープッツァー》(1997) あたりで顕著になってくる。世代交代によって、身体能力の高いダンサーたちが加わり、力強さと繊細さを合わせもったソロ・ダンスとダンスの連鎖、高速で転換するシーンが出現し、新しいダンサーたちによってダンスはドライヴ感を増し、ダンス空間がいっそうダイナミックに形成されるようになる。例えば、《緑の大地》(2000) の終幕へ向かう美しいダンスの連鎖はその典型だ。また、演劇性がより薄らぐのとは対照的に、《フェンスタープッツァー》(1997) のように舞台装置は現代アートのような造型性を帯びてくる。それらとともに、作品のトーンも変貌していった。1990年代後半以降の作品は、それまでの実存の痛みや苦しみより、快活でピースフルなトーンがまさってくる。

　「観客のひとりひとりがそこで生じていることに対して個人的な関係を結ぶこと」(バウシュ) によって生じる観客と舞台との共振は、同時に、舞台と世界を、遠い響き合いという関係で結んでいる。例えば、《パレルモ、パレルモ》(1989) は、舞台前面に屹立する壁が轟音とともに倒れて始まる。このことで、この作品は、初演と相前後して起こったベルリンの壁の崩壊と結び付けて論評されることになった。倒壊した壁の瓦礫の上で繰り広げられる舞台は、ベンヤミンの歴史の天使の眼前にひろがる瓦礫と化した世界の光景を想起させる。それは、どこかで「歴史の終焉」後の世界と共振していたのである。それと同じように、《フルムーン》(2006) や《スウィート・マンボ》(2008) の不穏さを孕んだような静けさにも、どこか遠くで現代の世界と共振しているのだろう。

(副島博彦)

83

議論する力を養うドイツの作文教育

◆ギムナジウムで身につける文章構成力

　ドイツ人は概して議論好きである。そして教養のあるドイツ人であればあるほど、言葉の使い方や説明の仕方が明晰でわかりやすい。ある事がらについて何か意見を述べる際にも、説得力のある根拠を挙げて論理的に説明することに長けている。議論するためのこのような言語力は、ドイツではいかにして培われているのだろうか。結論を先取りすれば、それは大学入学前のコトバの教育、特に作文練習に関係がありそうである。

　現在ヨーロッパの言語教育のガイドラインとなっている CEFR（ヨーロッパ言語共通参照枠）で規定されている言語運用能力のうち、特に「書くこと」という項目の内容をレベル別（A1→ A2→ B1→ B2→ C1→ C2と段階的に難度が上がる）に見てみると、中級～上級レベルで要求されている能力には、日本人が苦手とする項目がいくつも並んでいることがわかる。「経験や印象を書く（B1）」というレベルはまだ対応できるとしても、「明瞭で詳細な説明文が書ける（B2）」、「一定の視点に対する支持や反対の理由を書くことができる（B2）」あたりになってくると、日本の学校では入試対策の小論文指導がせいぜいで、体系的指導がなされているとは言いがたい。特に「いくつかの視点を示して、明瞭な構成で自己表現ができる（C1）」、「効果的な論理構造で事情を説明できる（C2）」といった、本来は大学入学前の時点で養っておくべき「構成」や「論理」の修得に関わる練習は、日本の中学・高校の国語教育では明らかに不足している。大学入学後の初年次教育の必要性がしばしば語られるのも、このあたりのことに起因していると思われる。

　一方ドイツの場合、大学入学前の時点で、論理的な構成力や議論する力を養うための練習にかなり時間を割いている。たとえば、ギムナジウム（日本でいえば小学校高学年から高校卒業までに相当する）の中級学年から上級学年にかけて行われる文章教育の中心は、論述（Erörterung）の練習である。論述の練習で重要なのは、日本の国語のように生徒の個性や表現力を養うことではない。そうではなく、論理の型を身につけさせることに主眼が置かれている。この時期に

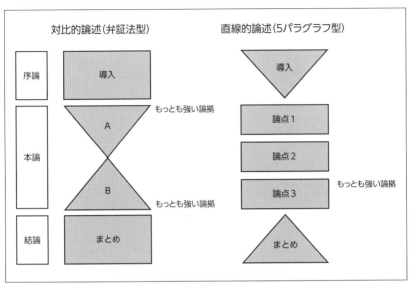

図1　ドイツの作文教育で学ぶ論述文の2つの基本型

養われる文章構成力こそが、大学進学後、ゼミでの議論や論文執筆の基礎となり、さらには就職後の議論力、対話力を支えているのである。

　論述の練習で学ぶ学術的文章構成の型は大きく分けて2つある（図1）。ひとつは対比的論述（dialektische Erörterung）であり、もうひとつは直線的論述（lineare Erörterung）である。これら以外にテクストに沿った論述（textgebundene Erörterung）というものもあるが、これは主としてアビトゥア（高校修了および大学入学資格を得るための試験）に関わるもので、文学作品の分析や解釈を行う際に用いる論述形式である。ここでは、論述文の作成においてもっとも汎用性が高く、日本の学生たちのレポート・論文執筆にも参考になると思われる、対比的論述と直線的論述の2つに絞って紹介してみよう。

　対比的論述は、ドイツやフランスでは伝統的に教えられている弁証法型の文章構成である。ある問題に対してそれは是か否かということを論じたり、ふたつの相反する立場のうち、自分が与する側の立場から意見を述べたりするようなときに有益な型である。メインとなる「本論」部分の構成は、まず相手方（A）のもっとも強い論拠から始めて、最後はこちら側（B）のもっとも強い

論拠の提示で終わる。強弱の配置構成の形から砂時計型ともいわれる。

　一方、直線的論述は、5パラグラフエッセイに代表される直線的な文章構成である。パラグラフライティングをベースとしたこの型は、英語圏の作文練習ではよく見られる構成である。序論と結論の2枚のバンズで本論の具材（通常は3つ）を挟む形なので、ハンバーガー型とも呼ばれる。

　これら2つの型のうち、より一般的な書き方は対比的論述の方で、直線的論述のほうは、比較的新しい世代になって初めて教えられているようである。すなわちドイツでは論述文の構成というと「賛成か反対か」（pro und contra）という弁証法型が伝統的なスタイルであり、5パラグラフエッセイのような直線型が教えられるようになってからはまだ日が浅い。その証拠に、英語圏では論述文構成の基本単位である「パラグラフ」（ドイツ語だと Absatz）という概念も、ドイツの文章教育においては、アメリカなどに比べてさほど重視されていないようである。

　直線的論述も教えられるようになってきた背景として、インターネットの普及によりグローバル時代に入ったことで、プレゼンテーションに適したアメリカ型も重視されるようになってきたという点が挙げられるだろう。EU 全体の言語政策に基づく複言語主義の導入もあり、英語を始めとする外国語教育の影響は間違いなく大きいと思われる。ただ、視点を少し変えて、作文教育の背景にある「レトリック」の歴史に目を向けてみると、論述文の構成法という一見何気ない事柄にも、興味深いテーマが隠れていることに気づく。

◆作文教育の歴史的背景

　レトリック（Rhetorik）は古くは弁論術と呼ばれ、西洋では古代ギリシアの時代から2000年以上にわたって継承されてきた「効果的な言語表現の技術」である。要するに、上手に話したり書いたりする技術のことで、ヨーロッパの言語教育の根底には、常にレトリック教育の伝統があったと言っても過言ではない。レトリックという学問は、元々は5つの技術部門（発想・配列・修辞・記憶・所作）から構成されていた。それはしばしば誤解されるように「修辞」に矮小化されるものではなく、発想法、構成法、記憶術、さらには現代でいうプレゼンテーションの技術をも包括するような、総合的なコトバの訓練体系で

Ⅲ　社会と文化——第二次世界大戦後

あった。フランスやドイツの論述文指導において「構成」が重視されるのも、元々はそれがレトリックにおける「配列」（dispositio）のスキルだったからである。

　ところで、レトリックと現代ドイツの作文教育との関係を考える際に欠かせないのは、古典古代のプロギュムナスマタ（弁論予備練習）に関する考察である。プロギュムナスマタとは、古代ギリシア・ローマ時代に行われていた作文練習で、実践的な弁論教育に移行する前の予備練習であった。初級レベルの書き換え練習に始まり、より高度な言語訓練へと段階を追って少しずつ難易度を高めていくことで、文章力が確実に向上するように考え抜かれた作文練習法である。もっとも有名なアプトニオスの作文教科書を見てみると、寓話、物語、逸話、格言、反論、立論、共通論拠、賞賛、非難、比較、性格表現、描写、一般論題、立法弁論といった14のパーツ練習が並んでいる。ヨーロッパの作文教育は、実はこれらプロギュムナスマタの練習にそのルーツを持っているのである。たとえば対比的論述に関して言えば、そのベースにあるのは言うまでもなく「反論」、「立論」の練習であるし、直線的論述のほうは、「逸話」（Chrie）という練習にそのルーツがあると考えられる。「逸話」は、ある主張の説得力を高め増幅していく言語トレーニングであるのだが、対比的論述の場合とは異なり、ある命題の是非を問うということを目的とはしていない。そうではなく、示された命題の正しさはそのまま認め、それが正しいということの論拠を補強するために、直叙、対照、譬え、実例、権威等を積み上げて説得力を増幅させていく練習である。これは現代の作文練習で言えば、パラグラフライティングの起源とも見なせる技法である。

　このように見てくると、現代ドイツの論述文指導において対比的論述と直線的論述の２つが教えられているのも、元を辿ればプロギュムナスマタに連なる方法であり、ヨーロッパの作文教育において「構成」が重視されるのも、レトリック教育の伝統に由来するものなのである。「書く練習」（作文）がそのまま「話す練習」（弁論）の基礎を成していた古典古代のレトリック教育は、EUとグローバルの時代だからこそ、現代ドイツの言語教育の中で再び息を吹き返していると言えよう。　（佐伯 啓）

子どもっぽくない絵本、大人を癒やす絵本

◆子どもに語る生と死

　著名なイラストレーターであるヴォルフ・エァルブルッフが絵本の仕事を始めたのは比較的遅く、初期の作品では、1989年に刊行されたヴェルナー・ホルツヴァルトの『うんちしたのはだれよ？』（偕成社）がよく知られている。頭の上にターバンみたいなうんちを載せて走り回るユーモラスなモグラに、思わず笑みがこぼれる。

　美術大学で教えるかたわら、その後も子ども向けの絵本作りに携わってきたエァルブルッフは、2007年に、自分で文章も書いて『死神さんとアヒルさん』を発表、意表をついたそのテーマがまず、話題となった。何か気配を感じて、きょろきょろとあたりを見回すアヒル、ストーリーは表紙からはじまる。アヒルの身辺にいたのは、性別も年齢も不明、小柄な骸骨の身に長いワンピースのような服をまとった死神。日常を共に過ごしながら、時には死について語り、最後にアヒルは死んでいく。イラストは、一度紙に描いた絵を切り取って使うという手の込んだ手法で、芸術性が高い。

　生、ましてや死について、どこまで子どもに分かるかが問題視されるかもしれない。しかし、エァルブルッフ自身、「大人が思うほど、子どもは子どもっぽくない」と考えている。すべてがわからなくてもよいのだろう。低年齢児には読み聞かせ、子どもは文章の音やリズムを感じ取り、気に入った本は繰り返し手にして、眺める。いずれ自分で読み、感じ、考えることにもなるだろう。一方、おとなたちの反響はダイレクトで、絵本をもとに、すぐに、朗読、芝居、人形劇、アニメと、さまざまな形のパフォーマンスが出現。それらをインターネットの動画で楽しむこともでき、広く作品が共有されている。日本では、大切な人を亡くした悲しみを和らげるグリーフケアのために、ラジオ番組で日本語訳が朗読された。

　出版から数年後、ドイツでポケットサイズ版が出て、プレゼント用にもなり、読者層がさらに広がった。大型絵本のほうは、すでに十数カ国語に翻訳されている。

イスラエルの若き作曲家、劇作家、オレン・ラヴィーの初めての本、2014年刊行の『そこにいなかったクマ』は原文が英語、「きみはぼくなの？」といった少々哲学的命題を含むが、『くまのプーさん』の独訳も手がけた名翻訳家、ハリー・ローヴォルトによってドイツ語に。「かゆみ」が気のいいクマとなって、森の中へと自分探しの旅に出るストーリーは、主人公が世の中に出て、旅をしながら経験を積み、学び、成長していくという、ドイツ文学の一ジャンル「教養小説」をも思い起こさせる。エァルブルフが初めて電子ペンを使い、デジタル技術を駆使して、ジャングルの動植物を生き生きと描いている。ドイツでは、刊行からまもなく、子ども向け上演用に舞台化された。

『死神さんとアヒルさん』

◆**クリスマスの物語**

キリスト教の教会では、クリスマスの時期、新約聖書の福音書からイエス・キリスト生誕前後の出来事について書かれている個所を読み上げる習慣があり、これが「クリスマス物語」の起源とされている。やがて、家庭でも同じように朗読が行われ、現在では、クリスマスに関係する創作作品も含めて、クリスマス物語と呼ばれる。

ドイツのある出版社が、ジャーナリスト出身の作家アクセル・ハッケとそのベストパートナーと評判の高い画家ミヒャエル・ゾーヴァに、家庭で朗読できる現代のクリスマス物語を作ってほしいと注文してでき上ったのが、2005年刊行の『プラリネク あるクリスマスの物語』だ。静かなクリスマスイヴの午後、南ドイツやオーストリアでクリスマスプレゼントを運んできてくれると子どもたちが信じている「クリストキント」が到着するのを待つ間、日ごろあまり息子との接触がない父親が少々気まずさを感じながら、アルトゥアという少年が作った紙のロボット、プラリネクの話を息子に語り始める。プラリネクはプラリネ・チョコと洗剤の空箱から作られたため、「それは　賞味期限　お気の毒です」、「洗剤投入口　すみませんが、わかりません」などと、ことばの中にパッケージに印刷された単語が紛れ込んでしまう。父親のお話がひと段落

『プラリネク　あるクリスマスの物語』

『エーリカ　あるいは
生きることの隠れた意味』

ついたころ、クリストキントの到来を告げる、ちりんちりんという、かすかだが澄んだ音が聞こえてくる……。「もみの木　おおタンネンバウム」の替え歌もあり、ドイツのクリスマス習慣を踏まえた上で、小さな子どものいる家庭での朗読にうってつけの作品に仕上がった。ヨーロッパでは、詩人や作家が自作を朗読する朗読会が生活に根づいており、ハッケもドイツ各地で『プラリネク』の朗読を行った。

　子どもたちには楽しさ満載のクリスマスも、大人たちにとってはストレスが多いのが現実。だれに何を贈るか、料理はどうするか、直前まで準備にてんてこ舞い。町は買い物をする人たちでごったがえし、みな、他人を顧みるゆとりはない。エルケ・ハイデンライヒの文にミヒャエル・ゾーヴァがイラストを描いた、『エーリカ　あるいは生きることの隠れた意味』は、そんな場面から始まる、疲れた大人たちのための絵本だ。大きなブタのぬいぐるみエーリカが、疲れ切ったベティに買われ、ベルリンからスイスへ。エーリカは、行く先々で人々に安らぎをもたらしてくれる。

　2012年にゾーヴァは、文・イラストともに自作、初めての絵本『ひみつのプクプクハイム村』(講談社)を出した。ヨーロッパの人たちにはおなじみの竜退治伝説のパロディで、ゾーヴァの持つ風刺とユーモアの精神がいかんなく発揮されている。

　細い筆を常用するゾーヴァが丹念に描きこむ絵は緻密で、静謐さと同時に大胆な印象を与える。その絵に惹かれる日本人は多く、ゾーヴァの原画展が各地で開催され、彼自身もたびたび来日している。特に2013年の秋、国内外の110人の画家が参加した展覧会「手から手へ――絵本作家から子どもたちへ　3・11後のメッセージ」では、来日したゾーヴァが対談と討論に参加、原発事故以後の子どもたちのためにどんな絵を描きたいか、率直な意見を述べた。

(三浦美紀子)

Ⅳ ナチズムの遺したもの

ベルリンユダヤ博物館内のインスタレーション。
顔型の金属が敷き詰められた上を歩くと、金属が擦れ合い、
悲鳴にも似た甲高い音が空間に響きわたる。
(撮影／梅田紅子)

「同化ユダヤ人」という夢 ——近代ドイツ語圏の社会とユダヤ人

　現在「ユダヤ人」と呼ばれているのは、ユダヤ教やユダヤ教徒がもたらした伝統や文化を、現在に至るまで何らかの形で守り続けている人々のことである。それにはユダヤ人を祖先や親に持つ人も含まれる。そしてユダヤ教は元来、ユダヤ人の民族宗教である。ドイツ語圏を含む西部ヨーロッパへのユダヤ人の居住はローマ時代に遡るが、ヘブライ語を話す人が広範囲に離散した結果、10世紀頃には国境をまたいで活躍するユダヤ人の国際商人が登場した。しかし十字軍やペストの流行などを発端とするユダヤ人大量虐殺、イベリア半島における異端審問[注] などの出来事は、ヨーロッパ各地でゲットーと呼ばれる強制的隔離施設が建設され、南欧のユダヤ人が中西欧へ、さらにはそこから東欧へと大量に逃亡・移住するきっかけとなった。

◆「ユダヤ人でありつつドイツ人」——同化ユダヤ人の登場

　ユダヤ人のドイツ語・ドイツ語社会への同化という現象を語る上で無視できないのは、18世紀のドイツ語圏で起きた「ユダヤ啓蒙主義運動（ハスカラー）」である。その代表的論客のひとりであるユダヤ人哲学者モーゼス・メンデルスゾーンは、ヘブライ語聖書をドイツ語へと翻訳し、ユダヤ人の啓蒙とドイツ市民社会の融合を目指した。そしてこの運動の二大中心地は、プロイセンの首都ベルリンとプロイセンの東端に位置するケーニヒスベルク（現ロシア領カリーニングラート）である。ドイツ観念論の哲学者カントも教えたケーニヒスベルク大学では、多くのユダヤ人が学んでいる。18世紀末〜19世紀初頭のベルリンでは、カントの弟子であったマルクス・ヘルツの妻ヘンリエッテ・ヘルツのようなユダヤ人女性の主宰するサロンが、ドイツ・ロマン派の文化交流の場として機能していた。

　さらに当時のプロイセン諸都市には、経済的に成功し、高い社会的地位を得たユダヤ人でかつドイツ国家の近代化に関わる人物が出現した。例えば哲学者ハンナ・アーレントの父方の祖父はケーニヒスベルクの大商人で著名な地方政治家であり、両親どちらも裕福な商家の出であるとともに改革派ユダヤ教会に属し、一族みなが自身を「ユダヤ教を信仰するドイツ国民」だと考えていた。

映画『ハンナ・アーレント』には、アイヒマン裁判を傍聴するためにイスラエルを訪れたアーレントが、カフェに偶然居合わせたベルリンからの移住者と、母語のドイツ語でゲーテの文学について語り合うシーンがある。ナチス・ドイツの迫害を生き延びたアーレントは、第二次世界大戦後にアメリカ合衆国市民権を取得し、代表的著作もほとんどが英語で書かれているが、彼女が幼少期を過ごした20世紀前半のケーニヒスベルクには、ユダヤ人であることを自明としつつドイツ的教養を身につけるという、「ユダヤ人でありつつドイツ人」という文化的複数性を疑わないユダヤ人が暮らしていた。

　近代ドイツの生んだ「ユダヤ人でありつつドイツ人」の代表格としてはもう一人、ドイツ・ロマン派の詩人として名高いハインリヒ・ハイネを挙げておきたい。ハイネが幼少期を過ごしたデュッセルドルフでは、神聖ローマ帝国の崩壊と進歩的なナポレオン法典の公布により、ユダヤ人でもキリスト教徒の学校に入学することができた。ナポレオンの治世は長くは続かなかったが、ドイツ人と同様の教育を受けたハイネには大学進学の道が開かれ、法学徒だったハイネは、学位取得を控えキリスト教（プロテスタント）へと改宗する。以降のハイネはユダヤとドイツというアイデンティティの二極化に苦しみつつも、ドイツ語で書くことでその現実と向かい合おうとした。ハイネは未完の歴史小説『バッヘラッハのラビ』（1840）の中で中世ドイツのユダヤ人迫害の姿を描いたが、この作品の執筆は、もはや自明とは言えないハイネ自身のユダヤ・アイデンティティの確認作業であると同時に、ドイツ語文学の新境地を切り開くドイツ語作家としての野心的な試みでもあった。

◆ハプスブルク帝国の同化政策──19世紀末〜20世紀初頭のプラハ

　ハイネが『バッヘラッハのラビ』を著したほぼ100年後、ハイネと同様に東方ユダヤ人へのシンパシーを露わにしたのは、プラハ生まれのユダヤ人ドイツ語作家のフランツ・カフカである。カフカの両親は、ハプスブルク領内のボヘミア王国（現チェコ中西部）出身のユダヤ人だが、家庭内ではドイツ語が話されており、カフカの母語はドイツ語だった。

　カフカの母語がドイツ語であるのは、カフカ生誕の約100年前、ハプスブルク君主国（ハプスブルク帝国）大公ヨーゼフ二世が発布した「寛容令」の結果である。

多民族国家であるハプスブルク帝国において、ドイツ語は支配者の言語だった。ヨーゼフ二世は1781年から随時、領邦内のユダヤ人に対し、公的文書でのヘブライ語やイディッシュ語（ドイツ語にヘブライ語やスラブ系言語の要素が混在したユダヤ語の一種）の使用を禁じ、各領邦の公的言語の使用を義務づけ、初等教育の導入や高等教育への門戸の解放という措置を講じた。こうした変化の中で、当時のハプスブルク領内各地ではやはり先述のユダヤ人啓蒙主義運動が起きている。

　カフカの生きた19世紀末〜20世紀初頭のプラハでは、同化が進んだ結果、少数民族であるユダヤ人の多くがドイツ語母語話者だった。当時のハプスブルク領内に生きるユダヤ人にとって、ドイツ語能力は大都市での社会的地位を保証する手段として、ハイネの生きた時代のプロイセンよりもはるかに重要視されていたのである。ただしプラハの多数派住民はチェコ語を話すチェコ人であり、ユダヤ人は、チェコ人にとってはドイツ人と同じドイツ語話者だがドイツ人からはユダヤ人として区別されるという、複雑な民族共同体の一部を構成していた。一方で当時のプラハでは、民族主義（ナショナリズム）の台頭により被支配者階級であるチェコ人の勢力が強まると同時に、ユダヤ人社会にはシオニズムが浸透し、ドイツ的ナショナリズムが隣国ドイツほどの勢力を持ち得なかった。

　このようなプラハの社会情勢は、ハイネやアーレントが経験したアイデンティティの複数性（二重性）とは異なる言語文化的背景をカフカにもたらした。ユダヤ人としての自覚を当然のように受け入れていたハイネが、青年期以降に自発的にドイツ人としての自覚を強めたのとは逆に、カフカは30歳を過ぎる頃にようやく自身のユダヤ的出自を意識し始めた。その背景には、イディッシュ語演劇との出会いや、第一次世界大戦によるハプスブルク帝国の崩壊、プラハに流れ着いた大量の東方ユダヤ人難民の影響が考えられる。

◆同化という夢の終わり──ツェランの経験したユダヤ人絶滅政策

　ハプスブルク帝国崩壊の直後、旧帝国領内の辺境で誕生したのはパウル・ツェランである。20世紀を代表するドイツ語詩人ツェランは、当時ルーマニア王国領となったばかりの旧ブコヴィーナ王国の首都チェルノヴィッツ（現ウクライナ領チェルニウツィ）に、ドイツ語を話すユダヤ人の子として生まれた。当時のチェルノヴィッツは依然としてドイツ語話者ユダヤ人の文化を色濃く反映

する都市であり、かの地の同化ユダヤ人は、新生ルーマニア王国の時代もなお
旧支配者への忠誠を失うことがなかった。

　ツェランの母語はドイツ語であり、家庭ではドイツ語を話したが、小学校は
ヘブライ語で教える学校に通い、中等教育を終える頃にはルーマニア語とフラ
ンス語が母語同様に身に付いていた。ツェランやその同胞の人々にとってのド
イツ語は、豊かな社会的地位を約束するという以上に、ウィーンへの思慕とい
う同化ユダヤ人としての文化的ルーツを反映する言語だった。第二次世界大戦
勃発後にルーマニアの国籍を喪失したツェランは、ナチスの労働収容所に収監
されるもユダヤ人絶滅政策を生き延び、戦後はブカレストからウィーンを経て
定住したパリで、ドイツ語詩人として生きる道を歩み始める。

　非凡な言語的才能に恵まれたツェランがドイツ語でしか詩を書かなかったの
は、彼が同化という文化的ルーツに終世こだわったからだ。ナチス・ドイツの
ユダヤ人絶滅政策は、ドイツ語を母語とするユダヤ人にとって他でもない、母
語の国に命を否定される経験を意味した。ナチスは数多のユダヤ人の生を奪う
のみならず、欧州の各地に存在した、ユダヤ人ドイツ語母語話者のコミュニテ
ィをも破壊したのである。ツェランの追究した詩という言語表現は、絶滅政策
を経てなお失われずに残った自身のドイツ語、東欧に住むドイツ語に同化した
ユダヤ人のドイツ語が詩作を通じて新たに蘇るかもしれないという、絶望の淵
に立つはかない望みに支えられていた。

　ハイネやカフカ、アーレントやツェランが経験した葛藤は、それぞれ個別の
事情が絡み合って生じた事象だとも言える。しかし現代を生きる私たちにとっ
て重要なのは、ドイツ語で書かれる文学作品が、かくもさまざまな言語や文化
的背景を持つドイツ語話者によって育まれてきたという事実だろう。ドイツ語
に限らず、言語はどれもその言語の内部だけで完結し存在しているわけではな
い。人間と人間の操る言語の世界は、外部との出会いによって、絶えずより豊
かになることを待ち望んでいるのではないだろうか。　　　　（林志津江）

注：中世カトリック教会が行った、正統信仰に反する信条の持ち主（異端者）を裁く法廷。有名
なスペイン異端審問は、1492年にイベリア半島を統一したフェルディナンド2世が教皇と対立
しつつ、国家統一という政治的理由を盾に、イスラム教徒やユダヤ教徒を排除するために行った。
弾圧は凄惨をきわめ、スペインがナポレオンの支配下に入るまで続いた。

なぜナチスはユダヤ人絶滅政策を考えたのか

◆移送列車

　ナチス・ドイツの絶滅政策（ホロコースト）により命を奪われたユダヤ人はおよそ600万人と言われている。この600万という数字が正確なのかどうか、確かめるすべはない。全ての記録が保存されているわけではないし、犠牲者を記憶する遺族がいないケースも多い。収容所に送られた人々は名前を奪われ、代わりに囚人番号を腕に入れ墨された。しかし、汽車でアウシュヴィッツに到着したユダヤ人の多くは、番号を与えられる間もなく、数時間後に灰となったのだ。

　犠牲になったのはドイツのユダヤ人だけではない。ヒトラー率いるナチスが政権をとった1933年にドイツ帝国内（158頁地図参照）に在住していたユダヤ人はおよそ50万人だった。9年後の1942年、ベルリンのヴァーンゼー湖畔の邸宅に関係省庁のトップが集まり、ユダヤ人問題の「最終的解決＝絶滅」を決議した。アイヒマンの議事録によると、彼らが虐殺の対象として計上したユダヤ人の数は、旧ドイツ帝国領土に残っていた13万1800人を含め、ヨーロッパ全体で1100万人にのぼる。

　ナチスの用語にユーデンフライ（英語では jews-free）という言葉がある。ユダヤ人のいない、ユダヤ人で汚染されていないという意味だ。ナチスはユダヤ人を公職から追放し、映画館や劇場の利用を禁止し、教育機関から追い出し、交通機関の使用を禁止し、住居や食糧、外出時間を制限するなど、無数の法令を濫発しながら、段階的に生活圏からユダヤ人を締め出していった。多くのユダヤ人は財産を捨て、国外へ去った。しかし、ナチス・ドイツはみるみる占領地域を拡大し、追放したはずのユダヤ人たちを再び抱え込むことになる。そして支配下の国々でも同じように反ユダヤ主義政策を進めた。

　キリスト教徒が大多数を占めるヨーロッパには、もともとユダヤ人への迫害の記憶がしみ込んでいた。ドイツではすでに16世紀にルターがユダヤ人の財産没収や追放、奴隷化を唱えている。ナチスが行ったポグロム（主にユダヤ人に対する集団暴力行為。ロシア語）、ゲットー（ユダヤ人隔離居住区。イタリア語）の設置、目印として服に黄色い星（ダビデの星）をつけさせる差別も、過去にヨーロッパ

　で行われてきたものの模倣である。迫害を受けつつも、ユダヤ人たちは商業や金融の分野では大きな役割を担っていた。ナチスが新しいのは、共存そのものを拒否し、迫害を徹底してユダヤ人の絶滅を目標に据えたことだ。つまり、ヨーロッパ全体を「ユーデンフライ」にしようとしたのである。

　ヴァンゼーでの決議を速やかに実行に移すために、占領下のポーランドに、殺害を主な目的とする6つの絶滅収容所が設置された。ドイツの誇る"知識"と"技術"を結集した、ガス室と焼却炉が一体となった殺人施設が開発された。アウシュヴィッツ絶滅収容所のガス室のひとつは210㎡の広さがあり、500〜800人を30分足らずで殺害することが可能だった。

　綿密な時刻表が組まれ、ユダヤ人たちは国内外の無数の収容所から国境を越

アウシュヴィッツⅡ
＝ビルケナウ絶滅収容所
（撮影／井上壯平）

え、東へ移送された。

　パリからアジアの玄関口イスタンブールまでヨーロッパを横断する「オリエント急行」が開通したのは1883年のことだ。以後、ヨーロッパは鉄道革命の時代を迎え、急速に鉄道網で結びついていった。第一次世界大戦（1914–18）で、鉄道は戦争の様相を一挙に変える。部隊の移動のみならず、大量の糧食や兵器の補給が可能になり、戦線は拡大し、長期戦化した。

　第二次世界大戦（1939–45）では、鉄道は軍需品の輸送だけでなく、民間人の命を爆撃から救う「疎開」にも使われた。その一方、鉄道はナチスが敵とみなした何百万という人々を絶滅収容所へと運んだのだった。たとえば、アンネ・フランク一家は潜伏先のアムステルダムからドイツを横断してアウシュヴィッツへ移送された。移送列車の路線はヨーロッパ中にのびていた。ナチスの要求に従ってユダヤ人を駆り集め、貨車に押し込んだのは、それぞれの国の警察である。何日間もかかる移送中、劣悪な環境の家畜用の貨車内で衰弱死した人も少なくなかった。

　1945年、ドイツ軍が撤退した後の収容所を解放した連合軍の兵士たちは、鉄条網の中の死体の山を前に言葉を失った。絶滅収容所の存在は最高機密だったからだ。しかし、世界はそれまで本当に何も知らなかったのだろうか。アウシュヴィッツの犠牲者はおよそ110万、トレブリンカ絶滅収容所では70万人以上といわれている。移送列車にのせられた人びとが二度と帰ってこないことは、ヨーロッパで周知の事実だった。ユダヤ人たちが出て行った後の住居には新たな住人が移り住み、残された家具は民間に安く払い下げられた。もちろん

列車の運転手や燃料補給のために停車する駅の職員は、僻地へ向かう列車の満載の積み荷が人間であり、帰りの貨車はいつも空であることを知っていた。ポーランドの抵抗組織は、自国で行われている残虐行為を止めるように連合国のトップに訴えた。収容所へ続く線路を爆破すれば、移送は止められただろう。しかし、上空を飛ぶ連合軍の飛行機は収容所には無関心だった。

　1938年3月にドイツがオーストリアを併合すると、ナチス政権の外へ逃れようとするユダヤ難民があふれ出した。同年7月にはフランスの保養地エビアンに32カ国の代表が集まって、10日間にわたる難民問題会議を開く。しかし、難民受け入れを表明したのはドミニカ共和国のみで、会議の後、参加国は難民に対して門戸をいっそう固く閉ざした。国内の住居を追われ、外国の入国ビザも手に入らず、行き場を失った難民たちは国境地帯の野原で立ち往生する。世界の"沈黙"をナチスは一種のゴーサインと受けとめ、11月9日のポグロム（ナチス側の通称では「水晶の夜」と呼ばれる）で迫害は実際の暴力となり、その後ますますエスカレートしていく。ナチス・ドイツの行ったホロコーストは、実はヨーロッパ中が目撃し、体験した事件だったのである。

◆死の工場生産

　ナチス・ドイツ以外でも、オスマン帝国がアルメニア人に対し、また20世紀末にはアフリカのルワンダやボスニア紛争時のスレブレニツァで、ジェノサイド（大量虐殺）は起きた。しかし、ナチスのように分業制をしいてシステマチックに何百万という人間を抹殺した例は他にない。

　長距離の移送で渇きと疲労のピークにある人々は、「シャワーを浴びたら、お茶を出しましょう」といわれ、自ら服を脱いで偽物のシャワーヘッドがとりつけられたガス室へと入っていった。青酸ガスの缶は赤十字のマークでカムフラージュしたトラックに積まれており、白衣に身を包んだ親衛隊員が屋根の小さな穴からガスの結晶を投入した。殺害する側の精神的なダメージの軽減、死へ誘導される人々の心理、ガスの量や建物の構造など、すべてが計算しつくされていた。アウシュヴィッツI（基幹収容所）は現在では博物館になっており、犠牲者のおびただしい量の毛髪や靴などが展示されている。遺品は鍋やメガネ、歯ブラシにいたるまで細かく分類され、収容所は巨大なリサイクル施設のよう

な印象を与える。実際に犠牲者の毛髪、金歯、遺灰までもが"リサイクル"されていたのだ。

　移送列車の線路が引き込まれているアウシュヴィッツⅡ＝ビルケナウ絶滅収容所のほか、さらに離れた場所にアウシュヴィッツⅢ＝モノヴィッツ労働収容所があった。モノヴィッツの周りには、化学製薬会社 I.G ファルベン（戦後にバイエル社、ヘキスト社等に分割）や兵器を作っていた BMW、フォルクスワーゲン、ジーメンスなど、ドイツを代表する大企業がこぞって工場を建て、過労や酷使による抹殺を目的に政府が格安料金で貸し出す囚人たちを利用した。ガス殺に使われた殺虫剤チクロン B も I.G ファルベン社の製品である。

　それでは、ホロコーストは国家と大企業が結託した、極端な合理化と利潤追求主義から起きたのだろうか？　戦争も末期になるとドイツ軍の敗退が目立つようになり、深刻な兵員不足のため少年までもが徴兵された。国内の都市は米英連合軍による西からの空爆にさらされ、東からはソ連軍が侵攻してきた。1944年6月にはフランスのノルマンディー海岸で連合軍による史上最大の上陸作戦が敢行される。同時期にハンガリーのユダヤ人43万人がアウシュヴィッツに移送され、大半が殺害された。苦しい戦況下にあっても、絶滅計画は中断されなかった。この非合理とも見える行為を支えた情熱は何だったのだろうか。

◆生きる価値のない命

　唯一神を信仰し旧約聖書を聖典とするユダヤ教徒は、イエスを神の子とは認めない。ナチス以前、ユダヤ人への迫害は宗教の枠内で行われてきた。しかし、近代以降の同化ユダヤ人たち（92頁参照）の宗教的アイデンティーは薄く、多くは自らを「ユダヤ人」というよりは「ドイツ国民」「フランス国民」などと意識していた。ところが、ナチスはこの「ユダヤ人」の概念を「人種」に置き換えた。1935年のニュルンベルク法（「帝国市民法」「ドイツの血と栄誉を守るための法律」）で、祖父母にユダヤ教徒がいれば「ユダヤ人」または「混血」であると定義され、ユダヤの血をひく者は「ドイツ帝国市民」の資格を剥奪された。

　その"科学的"根拠となったのは、メンデルの遺伝の法則とダーウィンの進化論を合体させ、20世紀初頭に注目を集めた新しい「優生学」理論だ。ヒトは生まれながらに遺伝形質の優劣があり、ヒトの"品種改良"によって社会

そのものを改良できるとする一種の「ユートピア」思想である。

　優生学の信奉者だったヒトラーは、長身、金髪、碧眼のゲルマン民族こそ支配民族にふさわしい最も純粋なアーリア人種だと考えた。さらに、ロシア人やポーランド人などのスラブ民族は隷属すべき下等な人種であり、ユダヤ人やロマ（ジプシー）は危険な「反人種」すなわち抹殺すべき存在だというのだ。また、アーリア人種であっても、遺伝病や精神病患者は「民族の血を劣化させる」

ワルシャワの北東90kmの森にあるトレブリンカ絶滅収容所跡。施設は破壊され、現在は墓石を思わせる1万7000の石のモニュメントが置かれている（撮影／梅田紅子）

との理由から、生きるに値しないとみなされた。ベルリンの中央官庁の立ち並ぶ地区のティーアガルテン４番地で、医師や学者らが主導する安楽死計画（Ｔ４作戦）がスタートする。ナチス政権下で最初にガス殺されたのはＴ４作戦の対象の障害者たちだった。誰が死ぬべきか、本人や家族の意志とは関係なく、医師が決めた。国内の施設で「恩寵死」させられたのは記録によると７万人だが、実際にはその倍以上と言われている。優生学は「民族衛生学」とも呼ばれ、「劣等遺伝子」の排除は、花壇を守るために害虫や病気の植物を駆除する庭師の発想である。ナチスは「劣等人種」を隔離、断種、抹殺するのと並行して、親衛隊員と人種的条件に適う未婚女性を施設に集め、「優良人種」の生産につとめた。このレーベンスボルン（生命の泉）計画により生まれた大量の子供たちはすぐに親から離され、国の施設でエリート養育をほどこされた。

　最先端の科学によって人為的に生殖をコントロールし、社会問題を解決するという考えに、多くの知識人が惹きつけられた。場合によっては、科学的にヒトを「進化」させることも可能かもしれない。研究熱心な医師たちの多くがナチ党員になった。科学至上主義と民族の幸福という大義名分を得て、研究のための殺人も人体実験も解禁状態となった。今や国家が、人間の命を左右する"神の代理人"だった。

では、なぜ、ゲルマン民族が優秀なのか。ナチスはその根拠をワーグナーが
題材にした壮大な北欧神話や、古代ローマの歴史家タキトゥスが著した「ゲル
マニア」の中に求めた。その「ゲルマニア」に登場するローマ帝国軍を破った
「高貴な野蛮人」、空色の目、金色の髪、強靭な肉体を持ち、他の部族と交わ
らないゆえに純粋で質朴な「原始ゲルマン人像」は、森や自然を愛した18世
紀のドイツ・ロマン派が好んだイメージでもある。古代の祖先の純血が自らの
身体の中に流れ、その外面的特徴に内面の高潔さが継承されているとか、２千
年前にディアスポラ（離散）したユダヤ人の血がドイツ文化を汚染するという
のは、いかにも非科学的な考えだ。しかし、第一次大戦に敗れ、物質的にも精
神的にも打ちのめされたドイツ人にとって、「祖先の崇高さ、純粋さに回帰す
る」というスローガンは、傷つけられた自尊心を慰める甘い夢であったろう。
　「祖先の血と土」というロマンティックな神秘思想、最先端の「遺伝学」、
戦争とともに流行したニーチェの「力への意志」「超人」「反キリスト」といっ
たキーワードが交差する、ゲルマン民族の優越性の根拠は、一見アカデミック
な科学主義のようだが、内実はきわめていかがわしいものだった。しかしなが
ら、そこには閉塞した現状を打破し、古いキリスト教的倫理から解放された新
世界への希望をかきたてる熱気が渦を巻いていた。その熱気が、ユダヤ人はじ
め社会的弱者の排除へ向かって流れ出たとも考えられる。追いつめられた経済
状況の中で、人々の不満を比較的裕福だったユダヤ人に向けさせるのはたやす
かった。科学的根拠があると言われれば、なおさらのことだ。学校では、人種
学と優生学、体育が最優先科目となり、エリート意識を煽り、他者を憎悪する
教育がなされた。生徒たちはひとたび戦場に出れば、民族のために命を投げ出
すよう教え込まれた。
　ユダヤ人や障害者の抹殺、組織的な出産、強靭なゲルマン民族像は、現実的
にはユダヤ人の財産の没収、福祉にかかる予算と人手の節約、身体能力の高い
兵士の育成といった富国強兵策の一環である。しかし、"人種イデオロギー"
を得たことで、非人間的な行為に対する良心の呵責は消え、モラルはいっきに
崩壊した。科学が証明し、司法が合法化し、テクノクラートが実行に移す分業
体制が整うと、ドイツ人は持ち前の勤勉さを発揮し、文明をもって文明を否定
する野蛮行為へと突き進んでいったのだった。　（梅田紅子）

Ⅳ　ナチズムの遺したもの

戦後ドイツが取り組んだ「過去の克服」

◆人道に対する罪

　1945年11月、ナチス幹部たちは国際軍事裁判（ニュルンベルク裁判）で戦争犯罪を追及された。ヒトラー、宣伝相ゲッベルス、親衛隊長官ヒムラーはすでに自殺しており、法廷に立った被告たちは口をそろえて無罪を主張した。彼らはただヒトラーや上官の命令に従って職務を遂行しただけだというのがその言い分だった。

　しかし、24人の主要戦犯のうち、12人に死刑判決が下った。この裁判を行うにあたり連合国側（米・英・仏・ソ連戦勝4カ国）は国際軍事裁判所憲章を定め、戦争犯罪に新たな定義を加えた。戦争犯罪は（a）平和に対する罪、（b）通例の戦争犯罪、（c）人道に対する罪の3つに分類され、ホロコーストは（c）の「人道に対する罪」として裁かれた。日本でも1946年5月から極東国際軍事裁判（東京裁判）が開かれ、侵略戦争による「平和に対する罪」で訴追された者はA級戦犯と呼ばれている。

　アメリカ占領軍は「非ナチ化」政策をすすめた（70頁参照）。それにより、ナチ党員やその支持者たちは公職、要職から追放された。ドイツの場合、日本と状況が違ったのは、国外に亡命して抵抗運動を続けていた人たちの存在だ。国を脱出することも、脱出した人を援助することもまた抵抗のひとつである。反ナチスの闘士たちは亡命先から戻り、また収容所から解放されて、新生ドイツの建設に加わった。

　しかし、ナチスに関わった人はあまりにも多かった。隣人の証言による「潔白証明書」で過去が清算できるようになると、「非ナチ化」政策も形ばかりとなった。その後まもなくアメリカとソ連が対立する冷戦時代に突入し、アメリカ占領軍の関心はドイツの復興と再軍備に移っていく。

　1949年に誕生したドイツ連邦共和国（西ドイツ）初代首相アデナウアーも復興を急ぎ、1950年には「非ナチ化」終了を宣言する。ナチ時代の戦争犯罪に責任のある重罪人はすでに排除されたというのだ。その結果、占領軍により追放されていた元ナチ党員のほぼ全員が社会復帰を果たした。実際、首相府長官

103

はニュルンベルク法（100頁参照）の起草者の一人だった。アデナウアーはさらに２年後に「陸・海・空で名誉ある戦いを繰り広げたわが民族のすべての兵士の功績を承認します」と国防軍の名誉回復演説を行った。再軍備にあたって、「クリーンな国防軍」神話が必要だったのである。

　ホロコーストは一部の親衛隊の暴走として片づけられた。市民は「何も知らなかった」と言い、そしてまた、事実を知りたいとも思わなかった。収容所からの生還者の声は、復興の音にかき消されていった。

◆自国民の手で自国の罪を裁く

　転機となったのは、1961年のアイヒマン裁判および1963年から22カ月にわたってフランクフルトで行われた、戦後最大のアウシュヴィッツ裁判である。

　政界にも法曹界にも大企業にも元ナチ党員が居残った西ドイツでは、水面下でかばい合いがあり、戦犯の検挙はきわめて困難だった。そうしたなか、1958年に検察庁は「ナチス犯罪追及センター」を設置し、逃走中の戦犯の捜査を進めていた。

　アルゼンチンに潜伏していたアイヒマンはついにナチス・ハンターの手に落ち、イスラエルの法廷に引きずり出された。このユダヤ人絶滅政策の指揮官の裁判はＴＶ放映され、世界中から注目された。防弾ガラスに囲まれた被告席に座ったアイヒマンは、生真面目な仕事人間といった風貌で、その罪の意識の希薄さが人々を驚かせた。それ以上に衝撃的だったのは、証言台に立った人々の口から語られた想像を絶する体験、証拠として提出された記録フィルムの映像である。それは、ホロコーストが何であったかを世界に知らしめるための裁判でもあった。

　収容所に勤務していた看守や医師等24人が起訴されたアウシュヴィッツ裁判にも同じことがいえた。19カ国から召喚された359人以上の証言は、モザイク画のように収容所内の日常を描きだした。戦後20年近くたって、ドイツ人ははじめてホロコーストの実態と向き合うことになったのである。作家ペーター・ヴァイスが裁判記録をもとに書いた戯曲「捜査」がドイツ中の劇場で上演された。市民に与えたショックは大きかった。

　アウシュヴィッツ裁判の被告はアイヒマンのような〝大物〟ではない。いわ

IV　ナチズムの遺したもの

ゆる普通の人々が、収容所ではなぜかくもおぞましい残虐行為をやってのけてしまったのか。被告たちは“自分は小さな歯車のひとつにすぎなかった”として、いっさいの謝罪や悔恨の言葉を口にしなかった。罪をナチスの指導部だけに押しつけても、ホロコーストを解決したことにならないことは、もはや明らかだった。

　ニュルンベルク裁判や東京裁判とは違い、自国民の手で裁くということにもまた大きな意味があった。目ざましい経済復興を遂げ、やっと自信を取り戻した西ドイツでは、ナチス犯罪の過去に終止符を打つべきという意見と、過去を検証し、責任を追及するべきという意見とが対立した。アウシュヴィッツ裁判は、ドイツが後者へ大きく舵を切るターニングポイントとなった。自国の歴史を客観的な視点からとらえるには、ナチスとは直接関わりのない世代が育つ20年という歳月が必要だったともいえる。

　1969年には自らもナチスに追われた経歴をもつヴィリー・ブラントが首相になり、ポーランドやチェコとの和解（東方外交）を積極的に進める。ワルシャワ・ゲットー蜂起英雄記念碑の前で両膝をついて黙祷をささげるブラントの姿は世界に発信され、ナチスの犯罪を謝罪するドイツの良心を印象づけた。ユダヤ人迫害に対するフランス大統領の謝罪や日本の公式な戦争責任謝罪（村山談話）は、ともに戦後50年を経た1995年である。それに比べドイツはいち早く、被害国との和解への道を歩み始めたといえる。

　1952年にイスラエルとの間で交わされた「ルクセンブルク合意」、1956年に制定された「連邦補償法」等により、ドイツがこれまでナチスに迫害された人々に対して支払った補償金は、およそ10兆円にのぼる。補償金は被害者が生きているかぎりは支払われ、ホロコーストの戦犯は、これも生きているかぎり訴追される。加害の事実を認め、誠実に被害者に寄り添う姿勢を示すことで、ドイツは少しずつ周辺国の信頼をかちとってきた。

　補償は政府によるものだけではない。2000年には、フォルクスワーゲン、ジーメンス、バイエルなどドイツの企業や銀行6500社が、ナチス政権下で行われた強制労働被害者への補償を補う基金「記憶・責任・未来」（EVZ）を創設した。強制労働は国策の一環でもあり、基金総額の約5000億円の半分はドイツ政府が拠出した。フォルクスワーゲン社やドイツ鉄道などのホームページに

105

ヨーロッパの殺害されたユダヤ人のためのメモリアル（撮影／梅田紅子）

は、過去に彼らがどのような犯罪に加担したか、写真入りで開示されている。自ら恥部をさらしているようだが、それは、「記憶」し続けることにより「未来への責任」を負う、誠実な姿勢の表明なのだ。その主旨に賛同して、EVZ基金には、何の責任もないはずの戦後生まれの企業も参加している。

　ドイツでは、議会、教会、法曹界、経済界、教育界、市民運動といったあらゆる層に、過去を見つめようという動きがある。それらすべてが何らかの形でナチス政権を支えたからだ。そして、その意識をなくしては、ヨーロッパの真ん中でドイツの生きる未来はないだろう。

　なかでも画期的なのは、外務省と州が後援するゲオルク・エッカート国際教科書研究所による、歴史認識を共有する試みだ。ヨーロッパで二度と戦争を起こさないという決意のもとで、同研究所はフランス、ポーランド、オランダ、デンマーク、スカンジナビア諸国、チェコ、ハンガリー、ロシアなど、被害を与えた国との間で定期的に教科書会議を開いている。特に長年戦争を繰り返してきた隣国フランスとの間では、早くから共通歴史教科書のプロジェクトが始まった。互いの歴史家と教師が集まり、半世紀にわたる共同研究を経て、ついに2006年には両国で共通の歴史教科書を刊行した。ホロコーストの舞台とさ

れたポーランドとの間でも、2016年に共通歴史教科書が完成した。忘却の先に和解はない。加害国が忘れても、被害国が忘れることはないからだ。ドイツの教科書に加害の歴史がきちんと記されていることは、他の国からの信頼につながっている。

◆街に刻まれる歴史

ブランデンブルク門はベルリンの中心に立っている。門からまっすぐ東に延びるのがウンターデンリンデン通り、西側はティーアガルテンと呼ばれる広大な緑地だ。木々のすき間から国会議事堂のガラスの丸屋根も見える。ブランデンブルク門から南のポツダム広場に向かおうとする

障害者を殺害する安楽死計画・T4作戦の統括本部があったベルリンのティーアガルテン4番地
（撮影／梅田紅子）

と、石棺が立ち並ぶ巨大な広場に行きあたり、初めて来た人は面食らうだろう。1万9000㎡の敷地にぎっしりと並んだ黒い直方体のオブジェは、中心へ行くと2メートルほどの高さになり、死んだ森に迷い込んだような静けさだ。これは2005年に完成した「ヨーロッパの殺害されたユダヤ人のためのメモリアル」で、地下は犠牲となったユダヤ人に関する情報センターになっている。ドイツは、首都の心臓部に消し去ることのできない「負の遺産」を置いたのだ。それは、忘却と闘うドイツという国の意思表示でもある。

道をはさんで向かい側には、殺害された同性愛者のための記念碑があり、公園に沿って曲がるとベルリン・フィルハーモニーのホールが見えるが、そこはT4作戦（101頁参照）の行われた場所で、地面に大きな碑板が埋め込まれている。ドイツ国防省の事務所は一本先の道沿いにあり、敷地内にはヒトラー暗殺計画を企てて処刑されたシュタウフェンベルク大佐の像が、まさに彼が銃殺された場所に立っている。建物の一角は「ドイツ抵抗記念館」で、幾部屋にもわたっ

107

ナチスによる焚書を記憶させるベーベル広場の空っぽの書棚
(撮影／梅田紅子)

てナチス政権下の抵抗運動に関する資料が展示されている。

このようにベルリンを散策すると、そこここに数えきれないほどの歴史の痕跡を見る。打ち捨てられた机のオブジェは、連行されたユダヤ人の家族を象徴し、引き裂かれる男女の像のある公園は「混血婚」(100頁参照)の女たちが、連行されたユダヤ人の夫の返還を求めてデモを起こした場所だ。フンボルト大学の向かいの広場には、空っぽの書棚が埋め込まれており、「これは序章に過ぎない。本を焼く者は、やがて人間も焼くようになる」というハイネの警句が添えられている。1933年、ナチスはここで「焚書」を行った。

こういった記念碑のそばで、宿題のファイルを手にした子どもの姿を見かけることがあるかもしれない。ここで、いつ、何が起きたか。それはなぜか。子どもたちは教室で歴史を学んだあと、現場を検証しに街に出てくる。記念館や博物館として保存されている強制収容所跡でも、授業の一環で来た生徒たちやボランティアの若者を目にする。

当時の体験を語ることのできる人はだんだん減っている。しかし、記念碑は年ごとに増えている。足もとに目をやれば、10センチ四方の真鍮のプレートを見つけることができるだろう。そのひとつひとつに名前と国外退去の年とその後の消息が刻まれている。ナチスの犠牲となった人がそこに住んでいたことを示す、個人の記念碑なのだ。これは1996年にある彫刻家が始めた「つまずきの石」プロジェクトで、1個95ユーロで誰でも「つまずきの石」の設置を申請することができる。それは移送列車に乗せられて消息を絶った人々の墓碑のような一面も持っている。ヨーロッパの国々の歩道にはすでに5万個の「つ

まずきの石」が設置されている。

博物館の中で興味深いのはベルリンのショッピングスポットの中にある「静かな英雄のための記念館」だ。「ユーデンフライ」(96頁参照)宣言後のベルリンでひとりのユダヤ人が移送を免れて生き延びるためには、何十人もの「アーリア人」の知恵と協力が必要だった。ここに展示されているのは、恐怖の支配する時代に救済の手をさしのべた人々の物語である。

ドイツ人は、忠誠や誠実を美徳と考える民族だ。規則や約束を大切にする人が多いのも特徴である。それが極端に裏目に出て、ナチ時代には多くの人が命令に盲従し、犯罪に加担した。犯罪が明るみに出たとき、彼らは「知らなかった」と言っ

ハンブルク市内の歩道に埋め込まれた「つまずきの石」
(撮影／ローデリヒ・ライマー)

た。「知らなかった」のではなく、「知ろうとしなかった」のではないか。今のドイツは「知ろうとしないことの罪」を教えようとする。戦後のドイツの教育の目標は、多角的な視野から物事を批判的にとらえ、市民的勇気をもって政治的発言を発信できる人、つまり無謀な命令に対しノーと言える人を育てることに集約される。

街に刻み付けられた負の記憶は、国民の自尊心を傷つける「恥」ではなく、"市民的勇気"と"共生"を学び、平和な社会を作っていくための次世代への"贈り物"なのである。　(梅田紅子)

ヒトラーとナチスの表象

◆ナチスの映画政策

　宣伝大臣ヨーゼフ・ゲッベルスのもとで、ナチ時代の12年間をとおして映画は宣伝政策として徹底利用された。ナチスの映画政策は、記録映画と劇映画に大別することができる。記録映画はさらに、一般的なドキュメンタリーと、時事報道を扱うニュース映画、文化映画に分けられる。

　レニ・リーフェンシュタール監督の「意志の勝利」(1935) は、1934年のナチ党大会の記録映画である。この映画からは、1920年代末から続いた長い不況から経済状況を立て直し、ドイツ人としての誇りを取り戻してくれた「指導者（フューラー）」＝ヒトラーに対する人々の絶大な信頼と、人気ぶりをうかがうことができる。冒頭のオープンカーでのパレードのシーンでは、集まった女性たちが、まるでアイドルに対するように、熱い視線と声援をおくっている。党大会のシーンではそれとは一変して、統率のとれた制服集団の一糸乱れぬ行進や、大会の合間に党員たちが親睦を深めている様子が映し出される。

　リーフェンシュタールは、実際の大会の進行は全く無視して、彼女の編集方針に沿ったリズムで大会の順序を並べ替え、広場での行進や儀式の場面に音楽をつけた。俯瞰から捉えられた群衆は美しい模様となって、統率のとれた全体主義的な運動をスクリーンに再現してみせる。そこには、「ニーベルンゲン」や「メトロポリス」など黄金時代の映画遺産の影響が明らかにみてとれる。見られることを意識した壮大なスペクタクルとしての党大会の全容をあますことなくフィルムにおさめたこの映画からは、ナチス自体がきわめて映画的な集団であったことが感じ取れる。ヒトラーを徹底的に神格化し、ナチスの「魅力」を映像的に最大限に表現したこの作品は、今日観ても迫力を保っており、ドイツでは現在も上映禁止である。

　ナチ時代に作られた劇映画は1100本を上回る。しかしそのうち、本格的なプロパガンダ映画は二割程度で、大半は娯楽映画だった。1938年から45年までの間、ドイツの映画館の延べ入場者数は連続して10億人を突破していた。この入場者数は、娯楽映画を観ることが第二次大戦当時最大の娯楽であったこ

と、ニュース映画から戦地の状況を知ろうと人々が熱心に劇場に足を運んでいたことを物語っている。ニュース映画もむろん、ゲッベルスによって厳しい検閲が加えられており、最後まで、ドイツ軍の敗北が伝えられることはなかった。

　チャップリンは、「チャップリンの独裁者」(1940／米)において、同時代人ヒトラーを徹底的に笑いの対象とした。ヒトラーの一挙一動を冷静に観察して、デフォルメした笑いに変えている。党大会をもじったシーンは特徴を見事に捉えている。この作品でチャップリンが演じた独裁者ヒンケルは、後の映画におけるヒトラー像を確立したといえる。ドイツを離れてアメリカで活躍していたルビッチも、「生きるべきか死ぬべきか」(1942)でナチスを大根役者集団として笑いものにしている。軽妙な台詞のやりとりがみものだが、「その衣装は収容所にはちょっと派手なんじゃないか？」といったような台詞にはぎくりとさせられるだろう。チャップリンが後年になって回想しているように、ホロコーストの全容が明らかになってからは、ヒトラーとナチスを笑いにすることは非常に難しくなった。

「意志の勝利」

「チャップリンの独裁者」
(写真提供／公益財団法人川喜多記念映画文化財団)

◆戦後の映画におけるヒトラーとナチスの表象の変遷

　戦後の映画においてナチスが悪の定番であることは基本的には変わらない。1950〜60年代にアメリカで量産された戦争大作に登場するナチスは、黒い制服に身を包んだ冷酷な悪玉で、最後はきまってひどい死に方をさせられる。ナチ時代の研究が進んだ60年代には、ドキュメンタリー映画が作られるようになった。スウェーデン映画「我が闘争」(1960)、西ドイツ映画「ヒトラー　ある経歴」(1977) など、ヒトラーとナチスを検証する試みが続く。西ドイツでは、社会のありように大きな影響を与えた1968年の学生運動世代の監督たちがナチ時代を検証する作品を作っている。ナチ時代の過去と対決することは、この時期の西ドイツの文化・芸術全般の中心的な課題のひとつだった。「ブリキの太鼓」(1979) や「マリア・ブラウンの結婚」(1979)、「ドイツ・青ざめた母」(1980)、「Uボート」(1981) など、世界的な成功をおさめた作品も多く作られており、ドイツ映画の世代交代を実感させた。かなり異色作だが、7時間におよぶ「ヒトラー」(1977) などもある。ナチ時代が歴史的に徹底的に検証されていくことによって、その後の世論形成や、ドイツ映画にも変化が如実に表れているといえる。アメリカ映画においても、戦争映画の主軸がベトナム戦争へとシフトしていく中で、「スローターハウス5」(1972) のように、第二次大戦末期のドレスデン爆撃の是非を問うた問題作が作られている。

　アウシュヴィッツ収容所の「現実」を世に知らしめたのは、「夜と霧」(1955／仏) だ。収容所を訪ねていくカラー映像と、ホロコースト当時のモノクロの映像と写真を組み合わせ、淡々としたナレーションによってそこで起きていたことが語られる。30分ほどの短い作品だが、この映画が与えた衝撃は大きかった。この後につづいた数多くのホロコースト映画のなかでも際立っているのは「SHOAH」(1985／仏) だ。生存者へのインタビューとホロコーストの「現場」の現在の映像とでつづられた9時間以上におよぶ異色作だ。監督は、ホロコーストの生存者や収容所近くの農民たち、さらには加害者を丹念に追って、執拗なまでのインタビューを行う。その長さという点でも、編集の緻密さの点でも、圧倒的な迫力を持っている。

　ナチスの表象に新しい方向づけをしたのは「地獄に墜ちた勇者ども」(1969／伊) だ。タブーを破って、ナチスの「倒錯的な美しさ」に焦点があてられ、

Ⅳ　ナチズムの遺したもの

「地獄に墜ちた勇者ども」（写真提供／公益財団法人川喜多記念映画文化財団）

制服の持つ美しさと魅力が描かれる。この作品でナチス内部のホモセクシュアルという視点が登場したことで、これ以降、70年代には、ナチスと倒錯やエロチシズムを結びつけた作品が多くみられるようになった。ナチスのシンボルであるハーケンクロイツは、映画の中でエロチシズムや倒錯のメタファとして使用されるようになる。「マーラー」（1974／英）は、ナチスのメタファを使った典型といえるだろう。マーラーの晩年を扱った作品だが、映画にはハーケンクロイツと黒い制服が登場する。マーラーはナチ時代以前の音楽家であり、ナチ時代には、ユダヤ人であったマーラーの音楽は演奏されることはなかった。映像美もこの作品の特徴だ。さらに時代が下って90年代になると、映画の中のナチスはさらに美しく、パワーアップする。「リチャード三世」（1995／米）では、本来ナチスとは何の関わりもないリチャード三世が親衛隊さながらの黒い軍服に身を包んで登場する。映画の時代が第二次大戦時に設定されているのだ。ヒトラーの姿を借りることで、リチャード三世の残忍さがよりクリアに印象づけられるのである。

　独裁者としてのヒトラー像にも大きな変化がみられる。「モレク神」（1999／露）では、それまでのロシア映画に典型的だった「悪の代名詞」というヒトラー像を大きく逸脱して、気弱で頼りない中年男としてヒトラーが描かれてい

113

る。自分が癌だと主張し、年下の愛人エヴァに足蹴にされ、親衛隊員たちに陰で嘲笑されるヒトラー。山荘を舞台に、架空の一日が絵画的な美しい映像でつづられていくが、ステテコ姿のヒトラーは、ちょっと情けないオヤジといった態だ。

統一ドイツの新しい世代も新たなヒトラー像を提示している。防空壕での最後の日々を描いた「ヒトラー　最期の12日間」(2004) では、常軌を逸したヒトラーの異様な言動と、そんな姿にすっかり信頼をなくした部下たちの節操のないふるまいが描かれる。上司と部下との信頼関係がなくなった組織が壊滅していく有様を描いて、現代的な視点といえる。これらの映画に共通するのは、ヒトラーが身近にいそうな人物像として描かれている点だ。

ヒトラー像の変化に対応するように、ナチスの中にもよいドイツ人がいた、という視点が登場する。「戦場のピアニスト」(2002／独・仏・英・ポーランド) には、主人公のユダヤ人ピアニストに食料を与え、助けるドイツ人将校が登場する。映画の終盤に登場するだけだが、強い印象を残す。反ナチ活動を描いた「白バラの祈り」(2005) のような映画はこれまでに多く作られているが、それとは一線を画する「ナチス内部の良いドイツ人」が娯楽超大作に登場した。さらに、「ワルキューレ」(2008／米) において、ヒトラー暗殺はスペクタクルなドラマとなっており、暗殺を企てた将校たちは英雄として描かれた。「ヒトラー暗殺、13分の誤算」(2015) は、ひとりの時計職人が単独で行ったヒトラー暗殺をとりあげたドイツ映画だ。犯行におよぶまでの主人公の生い立ちに重点が置かれた作りになっている。内部からナチス崩壊を企てたドイツ人というテーマは、これまでの一面的な戦時のドイツ人像に新たな視点を加えている。

ホロコースト映画の転換点となる作品は、「シンドラーのリスト」(1993／米) だ。ホロコースト映画にカタルシスをともなうエンタテイメントという新たな側面を加えただけでなく、ホロコースト映画に、超大作という側面が加わった。さらに「ライフ・イズ・ビューティフル」(1998／伊) において、ホロコーストは「泣けるファミリー映画」へと転換され、「戦場のピアニスト」において、超大作映画のひとつのジャンルとして確固たる地位を固めることになる。

◆新しい世代の映画

　ホロコーストは、客をとれるエンタテイメントとなった。

　ほぼ毎年のようにホロコースト関連の映画が公開される中で、戦後生まれのナチスを知らない世代による映画が目立つようになった。「縞模様のパジャマの少年」(2008／英・米)は、収容所長の息子である少年とユダヤ人少年の交流を描いた作品だ。そこでは収容所長一家の「家族愛」がテーマとなっている。家族に収容所の現実を隠し続ける父親と、収容者である少年との親交を深めていく息子という異様な設定で悲劇へと突き進む。ホロコーストの過去と現代をアパートという場で交錯させた

「シンドラーのリスト」
(写真提供／公益財団法人川喜多記念映画文化財団)

のは「サラの鍵」(2011／仏)だ。過去の出来事と捉えられてしまうホロコーストに、現場としてのアパートをいれることで、現在との関わりを持たせた作品だ。「ユダヤ人労務班」を描いた「サウルの息子」(2015／ハンガリー)は、近年のホロコースト映画のエンタテイメント化に対して、観るものを収容所の現実へ連れて行こうという意欲的な試みだ。黙々と「仕事」をこなすサウルの視点にカメラを合わせることで収容所内の作業に不思議なリズム感が生まれている。ホロコースト映画の古典ともいうべき主題、アンネ・フランクの造形に新たな視点が加えられたのは「アンネの日記」(2016)だ。いままでの聖女的なアンネ像をくつがえし、生身の少女としてアンネを描き、ホロコーストの日常を描き出している。日記の完全版が出たことが映画化の契機となったという。

　ナチスをパロディ化する試みは、戦後もさまざまに行われている。西部劇版ナチスともいうべき「イングロリアスバスターズ」(2009)では、歴史的事実を全く無視してヒトラーを戦時の映画館で焼き殺している。「アイアン・スカイ」

（2012）は、月にステーションを作って地球制服を企てているナチスの残党が
ニューヨークに攻め込んでくるという設定で、ナチスおよびアメリカに対する
痛快な批判がみられる。ドイツ映画においても新しい試みがされてきた。「わ
が教え子、ヒトラー」(2007) は、ユダヤ人収容者からヒトラーが演説を習うと
いう設定でパロディ化を試みている。現代によみがえったヒトラーがメディア
にのって人気者になってゆく「帰ってきたヒトラー」(2015) は、ナチスとメデ
ィアの関わりを改めて考えさせる作品だ。

　新しいジャンルとして定着しつつあるのが「過去の克服」だ。「スペシャリ
スト　自覚なき殺戮者」(1999／イスラエル・仏・独・墺・ベルギー) は、裁判時の
アイヒマンの姿をとおして、悪の凡庸さを浮き彫りにした作品だが、同じ裁判
をユダヤ人研究者の視点から描いたのが「ハンナ・アーレント」(2012) だ。

　アイヒマン裁判が行われた60年代に西ドイツで行われたアウシュヴィッツ
裁判を主題とするドイツ映画が、最近続いている。「顔のないヒトラーたち」
（2014）と「アイヒマンを追え」(2016) は、どちらも、不都合な真実を隠そう
とした国家権力に立ち向かっていく検事を主人公とする作品だ。ナチスが犯し
た行為を知らされていなかった当時の、沈黙や否認の姿勢に作り手の批判の目
が向けられている。「アイヒマン・ショー　歴史を写した男たち」(2015／英)
は、アイヒマン裁判を撮影し、世界に伝えたテレビマンを描いた作品だ。

　これまでみてきたように、映像におけるヒトラーとナチスの表象は、時代と
ともに様々な変遷をみせている。そしてますます多様になってきている。どの
ように受容していくのか、ひとりひとりの、歴史と向き合う姿勢が問われるこ
とになるだろう。　（飯田道子）

IV　ナチズムの遺したもの

良心的兵役拒否と徴兵制

◆良心的兵役拒否──"ワタシタチハソンナコトハシマセン"

　ノーベル賞作家ギュンター・グラスが戦後60年もたって回想録「玉ねぎの皮をむきながら」で告白したその過去は、国内外で波紋をよんだ。戦後ドイツの左派文壇の旗手が、実はナチス武装親衛隊の元志願兵だったというのだ。しかし、今ここでとりあげるのは親衛隊のことではない。親衛隊へ志願する直前、16歳で徴兵されたグラスが訓練を共にしたある少年のことだ。ナチスのいう「優良人種」の見本のような金髪碧眼（101頁参照）、しかも抜群の身体能力を持つこの少年の唯一の問題は、銃に手をふれないことだった。毎朝の点呼で教官から手渡されるカービン銃を、彼は受け取らずに頑なに足もとの地面に落とし続ける。ありとあらゆる懲罰も、仲間からのいじめも、彼に銃をとらせることはできなかった。

　ある日、少年はグラスたちの前から姿を消してしまう。収容所へ送られたのだ。銃を落とす際に唱える文句がそのまま少年のあだ名になっていた。「Wirmachensowasnicht（ワタシタチハソンナコトハシマセン）」。

　第二次大戦中のドイツで、多くのキリスト教徒が信仰ゆえに兵役を拒み、囚われ、命を落とした。この少年の所属していた宗派「エホバの証人」の信者は約1万2000人が逮捕され、2000人が獄死した。ミュンヘン近郊のダッハウ強制収容所には国内外の聖職者を集めた「司祭区域」があり、収容された約3000人の聖職者の3分の1以上がそこで亡くなっている。

　ヨーロッパの兵役拒否の歴史は、古代ローマ時代までさかのぼる。ローマ帝国軍での軍役を拒んだキリスト教徒は、皇帝への不服従ゆえに処刑されることもあった。彼らは命がけで聖書の言葉に従ったのだ。曰く「殺すなかれ」「汝の敵を愛せよ」「わたしのほかに神があってはならない」。その後、キリスト教と国家権力とが結びつく過程で、キリスト教徒は庇護とひきかえに兵役義務を負うようになる。

　しかし、いくつかの宗派は聖書の平和主義を徹底して貫き通してきた。その長い抵抗の歴史によって、信仰による良心的兵役拒否の思想はヨーロッパで一

117

定の理解を得ている。20世紀に入り戦争の規模が大きくなると、兵役拒否者
も激増した。いくつかの国では彼らを保護する法律が作られた。第二次世界大
戦中のイギリスでは良心的兵役拒否者が6万人を超え、そのうち7割は兵役免
除または代わりの非戦闘任務についている。

　一方、兵役拒否権を定める法がなかったドイツ国内では、信仰による兵役拒
否も厳しく罰せられた。1933年にナチスが政権をとると、カトリックの総本
山バチカンはすぐさま政教条約を結び、教会の自治と存続を認めさせる代わり
に聖職者は政治に参加しないことを約束した。対立を避ける教皇の態度は、教
会がナチス政権を承認したかのような印象を与えた。宗教改革の流れをくむプ
ロテスタントの福音教会内では「ドイツ的キリスト者 (Deutsche Christen)」が
主導権を握る。十字架にハーケンクロイツを重ねたのが彼らの旗印だ。教会の
親ナチス化に危機感を抱いた同じ福音派の牧師たちは、1934年に「われわれ
は神にのみ従う」という信仰告白のもとに「告白教会」を創設した。しかし指
導者は次々と逮捕される。創設者のひとりディートリヒ・ボンヘッファーは、
ナチス政権崩壊のわずか3週間前に収容所内で絞首刑に処された。現在、ベル
リン州立図書館の入り口には、首に縄をかけられたボンヘッファーの胸像が据
えられている。

◆冷戦の最前線で──兵役と代替義務

　1945年、ドイツは無条件降伏し、武装解除された。戦勝4カ国により真二
つに分断されたドイツにとって、戦争の終結は新たな対立の始まりでもある。
1949年にソ連占領区に東ドイツ（ドイツ民主共和国）、米英仏占領区の西ドイツ
（ドイツ連邦共和国）が建国され、1955年には東はソ連を中心とするワルシャワ
条約機構に、西はアメリカを盟主とする北大西洋条約機構（NATO）に組みこ
まれた。ドイツは世界をふたつに分けた冷戦の最前線となったのである。

　ドイツ連邦共和国（西ドイツ）は軍隊を持たず、従って徴兵がないにもかか
わらず、憲法で「良心的兵役拒否権」を基本権として保障した世界最初の国
である。国民の平和志向は強く、国家が再び戦争行為を強制できないように安
全弁をつけたのだ。「信仰・良心の自由、並びに宗教および世界観の告白の自

由」を保障する基本法4条3項には「何人も、その良心に反して、武器を伴う軍務を強制されてはならない」と明記されている。

　ところが、建国から5年後NATO加盟が決まると、政府は国内の反発を押し切って連邦軍を創設し、18歳から45歳までの男子に兵役を義務化した。志願兵だけではNATOの要求する人員を確保できないからだ。徴兵制導入とともに基本法には新たに「兵役及び代役義務」(12a条)が付け加えられ、「良心上の理由から武器を伴う軍務を拒否する者に対しては、代役に従事する義務を課すことができる」と記された。もっとも、代替役務につくためには兵役拒否審査委員会から「良心の真実性」を認められなければならない。17歳の少年が審査委員の厳しい聴聞を突破し、承認を得るのは難しかった。ここでいう「良心」とは「エホバの証人」など、特定の宗派の教理上のものであり、一般に兵役拒否者は臆病者、怠け者だという偏見は強かったのである。また、ナチ時代のような軍部の暴走を防ぐためにも市民が平等に防衛を担うべきで、徴兵制は民主主義の証だと考える人々もいた。政府は「軍隊生活は人を成長させる」といった宣伝を行って兵役を奨励した。

　60年代の半ば、アメリカがベトナム戦争に本格的に介入する。最大55万人の兵力を送り込んだにもかかわらず、北ベトナムと南の解放戦線を屈服させることができずに戦争が泥沼化すると、世界中に反戦運動のうねりがわき起こった。ベトナム戦争の悲惨な実態が報道され、アメリカの帰還兵たちはもはや「英雄」とは呼ばれなかった。ベトナム戦争は、世界最強の兵器をもった軍隊の敗北で終わる。地獄の戦場を体験した兵士たちは、帰国後も何年にもわたって心的外傷後ストレス障害（PTSD）で苦しみ続けた。帰還後に自殺した兵士も数知れない。

　冷戦の最前線にいるドイツの青年たちにとって、戦争は遠い出来事ではなかった。戦場に出る事態として想定されるのは、ソ連の戦車隊と共に東ドイツの国家人民軍が国境を踏み越えて攻め込んでくる時だ。向ける銃の先には親戚や友人がいるかもしれない。1981年にNATOの決定で国内に中距離核ミサイルが配備されると、西ドイツの反戦運動は最高潮に達した。米ソの核ミサイルが対峙しあうドイツで戦争になれば、もはやどちらの軍隊にも勝利はない。なぜアメリカの核兵器がドイツに置かれるのか、なぜ自分たちは同胞との殺し合

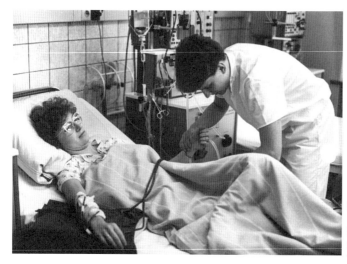

病院で市民役務につく青年
（© bpk /
Manfred Uhlenhut /
distributed by AMF）

いに駆り出されなければならないのか。

　兵役拒否者は増加し、一部の青年たちは西ベルリンへ逃げ込んだ[注]。もはや信仰上の信念による拒否者は少数派で、大半は政治的動機から社会に否を唱える若者であり、世論は彼らの味方だった。平和団体や教会は兵役拒否申請者を熱心に支援した。

　1983年、西ドイツ政府はついに"良心の審査"を廃止する。兵役15カ月に比べ、代替役務は20カ月と長くなったが、それでも書類審査のみで代替役務を選択できるようになると、代替役務を選ぶ者は急増した。代替役務「ツィヴィルディーンスト（Zivildienst）」は、直訳すれば「市民役務」「社会奉仕」といった意味だ。具体的には軍隊とは関連のない、医療、教育、福祉施設での仕事に従事する。兵役拒否者の若く、安価な労働力は人々の暮らしの中に取り込まれ、彼らは「ツィヴィ」という愛称で社会に広く受け入れられていく。

　銃を拒み、社会に奉仕するツィヴィは、平和の担い手でもあった。彼らは国内だけでなく、ポーランドやイスラエルのホロコースト記念館をはじめ、世界中に派遣された。作家の小田実が立ち上げた「独日（日独）平和フォーラム」の仲介で、長崎の平和資料館など日本各地の施設にもツィヴィはやってきた。彼ら一人ひとりが草の根的に国家間の相互理解を育む、平和の種子だった。

　ドイツ民主共和国（東ドイツ）では1956年に国家人民軍が創設され、徴兵制

は少し遅れて「ベルリンの壁」建設直後の1962年に導入された。ドイツ民主共和国憲法でも「良心および信仰の自由」は保障されたが、兵役拒否権は明記されていない。東ドイツ政府の見解では、搾取と侵略を目的とする資本主義諸国の軍隊と、搾取のない平和な社会主義国の軍隊は別物である。帝国主義諸国の侵略から国を守るために武器をとるのは、人民の当然の権利であり義務だというのが"政府の論理"だった。

しかし、東ドイツにも兵役拒否者はいた。ルター派の伝統の濃い東ドイツでは、建国時（1949）には住民の約8割がプロテスタントの福音教会に属していた。戦後、福音教会はナチスに追随した過去を反省し、その中でも果敢に精神的自立を貫いた「告白教会」の後継者として再出発する。強制収容所から生還した創設者のひとりマルティン・ニーメラーは東ドイツの福音教会連盟で指導的役割を務めた。

福音教会は早い時期から政府の再軍備に反対し、良心的兵役拒否を呼びかけた。反発を恐れた政府は、教会に対して激しい弾圧や無理な介入はせずに、人々を少しずつ教会から遠ざける政策をとった。熱心なキリスト教徒は大学進学への門戸を閉ざされ、キャリアコースから締め出された。そのため、信仰の自由は保障されてはいたものの、教会へ通う人は減少していった。これはしかし、裏を返せば、何の恩恵も受けない以上、教会は国家から自由だったことを意味する。やがて SED（ドイツ社会主義統一党）の一党独裁体制のもとで厳しい監視国家へ変貌していく東ドイツ国内で、教会だけが密告者のいない、自由に意見を交換できる場所として残ることになった。

東ドイツの兵役拒否者は、実は自国に良心的兵役拒否権と代替役務があることを知らなかった。国際社会から「西ドイツと比べて民主性に劣る国」と評価されることを恐れた政府は、世界に向けては西ドイツ同様に人権が保障されていることをアピールしたが、国民にはそれを隠していたからだ。拒否を表明してはじめて兵役拒否者たちは代替役務としての「建設部隊」の存在を知った。

「建設兵士」は武器を手にはしないが、軍事訓練を受け、軍事施設の補修や道路工事などに従事する「人民軍の兵士」であることに変わりはない。代替義務とは名ばかりで、内実は良心的兵役拒否者たちにとって屈辱的な妥協でしかなかった。人民軍の中で彼らは上官や他の兵士たちからいじめられ、除隊後も

「国家の敵」として厳しい差別にあって就職や進学は困難だった。

　兵役拒否者や建設部隊の存在そのものが国内では一種のタブーであったため、彼らは社会から疎外された者どうしとして、おのずと結びついていった。個人的な良心から兵役を拒否した者も、建設部隊で東ドイツの抱える矛盾を身をもって体験し、隔離されたことで仲間を得て、社会改革の必要を強く意識するようになる。兵役拒否者を排除する東ドイツの政策は、逆に彼らの市民的勇気を目覚めさせた。元建設兵士と彼らを支援する福音教会は、様々なセミナーを行い、暴力と抑圧のない社会を目指す市民運動のネットワークを作り上げていく。

　派手な軍事パレードを行い、軍事教育に力を入れる政府に対し、彼らは建設部隊に代わる「社会的平和役務」を提案し、平和教育キャンペーン、軍縮政策の要求など、具体的な平和活動を通して社会の中に少しずつ浸透していった。1989年の「ベルリンの壁」崩壊へと達する民主化運動が"無血革命"を成功させたのも、武器を手にしない兵役拒否者と教会が運動の核となっていたからである。

◆制服を着た市民——抗命権と義務

　1990年、東西ドイツは統一し、翌年にはソ連が崩壊し、ワルシャワ条約機構は解体された。しかし、アメリカを中心とするNATOは冷戦の遺物になるどころか、新しい仮想敵を求めてあらゆる地域への「介入同盟」と化していく。ドイツの徴兵制はなくならなかった。基本法に「連邦は、防衛のために軍隊を設置する」(87a条)と記されている通り、1991年の湾岸戦争の際、ドイツは国外へ派兵はせず、日本と同様に財政支援だけを行った。しかし、そのことがこれもまた日本と同様に「小切手外交」として激しい非難を浴び、以降、ドイツは防衛の解釈を変え、積極的な軍事協力へと方針転換する。2001年の9.11後に始まった国際治安支援部隊(ISAF)に加わったアフガン派兵では、55人のドイツ軍兵士が戦死した。連邦軍で初めての戦死者だった。また、連邦軍大佐の出した指示で、米軍機がタリバン勢力のタンクローリーを民間人もろとも爆破、犠牲者は142人にのぼった。タンクローリーの周りには、ポリタンクを手に燃料をもらいに来た近くの住民が集まっていたのだ。半世紀かけて築きあげてきた「平和的な」ドイツのイメージは砕け散った。

IV　ナチズムの遺したもの

　連邦軍創設の際、ナチ時代への逆行を防ぐために、基本法には軍人も基本権を侵害されることはないことが明記された（17a条）。連邦軍の兵士は「制服を着た市民」であり、軍隊内においても市民としての自由な人格を持ち、自らの行動に責任を持つ。連邦軍の軍人法には「抗命権」（命令に抗う権利）がある。兵士であっても批判精神をもち、上官の命令に盲従はしない。人間の尊厳に反するような命令には従わなくても、処分されないのだ。つまり、残虐行為に関わった場合には、上官の命令だったからといって罪を逃れることはできないのである。

　しかし、人道支援、平和維持活動だといわれて兵士が派遣される場所は、まさに戦場にほかならない。誰が敵で、何を防衛するのかもわからない混沌とした状況で、兵士は過剰なストレスにさらされる。PTSDに苦しむ帰還兵は後を絶たない。

　2011年、ドイツの徴兵制は停止された。ギリシャの経済危機を受けての軍事費削減が引き金となった。実際、冷戦時代を終え2010年には6カ月まで短縮されていた徴兵期間で複雑な海外任務に耐える兵士を育成するのは不可能だ。青年の2割程度しか選択しない徴兵制に、もはや意味はなかった。一方、打撃を受けたのは、年間7万5000人のツィヴィの労働力を失った福祉事業である。2002年以降政府が後押ししてきたボランティア役務で、どれだけツィヴィの穴を埋められるかどうかが、今後の課題である。　　（梅田紅子）

注：西ベルリンは戦後も米英仏の共同統治地区であったため、西ドイツで施行されていた徴兵制が適用されなかった。

123

ベルリンユダヤ人墓地の前の道に立つ「ホロコースト記念群像」。
1672年につくられたユダヤ人墓地はナチ時代に完全に破壊された。
現在、敷地内には哲学者のモーゼス・メンデルスゾーン（92頁参照）の墓石だけが
置かれている。ユダヤ教の習慣では、死者を悼み、花ではなく小石をつむ。
（撮影／梅田紅子）

V これからの
ドイツ

国会議事堂（ライヒスターク）ドーム内。
1933年、ヒトラーがこの議事堂放火事件をきっかけに独裁的な権力を獲得した。
東西ドイツ統一後、破壊されていた建物は修復され、新たに連邦議会の議事堂となった。
ドームには通路がめぐらされ、市民はここから議場の審議を見ることができる。
（撮影／新野守広）

ドイツの憲法と基本法 ──ナチ時代の反省に立って

　ドイツの現憲法は基本法と呼ばれている。なぜだろう。敗戦直後のドイツは、西側占領地域とソ連占領地域が別々の国家となることが避けられない情勢だった。西ドイツの人々は、こうした片肺的な国家の暫定性を示すために、憲法（Verfassung）ではなく、あえて基本法（Grundgesetz）という名称を採用した。将来ドイツが再び統一した暁に、改めて憲法を制定することにしたのだ。

　このように制定当初は暫定的性格が強かった基本法だったが、やがて国民の支持を得て安定し、憲法として揺るぎない規範性を獲得するにいたったことは、世界中の人々が認めるところである。その特徴は、第1条第1項で「人間の尊厳は不可侵である。これを尊重し、かつ保護することは、すべての国家権力の義務である」（訳は高橋和之編『世界憲法集 第2版』岩波文庫による）と基本権の不可侵を掲げているところからも明らかだろう。「闘う民主主義」とも称されるが、ナチ時代の反省に立ち、二度と独裁体制が生まれないように、民主主義を積極的に守る姿勢が基本法の特色をなしている。

　この基本法を背景にして、戦前のプロイセンに由来し、ナチスを生み出した権威主義的な社会が民主主義的で多元的な社会に生まれ変わった。現在のドイツは基本法が生み出したと言っても、あながち誇張ではない。人々が戦前からの連続性を断ち切るための大きなよりどころとなったのが、基本法だったのだ。基本法の特徴を理解することは、現在のドイツを知る上で欠かすことができない。

◆権威主義的社会──ヴァイマル憲法を骨抜きにしたナチ党

　近代のドイツは他の欧米諸国と比べて明らかに後れをとった。1776年のアメリカ独立宣言、1787年の合衆国憲法、1789年のフランス人権宣言には封建的支配からの脱却がうたわれ、人は生まれながらに自由で平等であるとする自然権思想や国民主権、権力の分立など、憲法や法によって政治権力を規制する立憲主義の原則が示された。しかし当時、大小の領邦国家に分かれていたドイツでは君主の専制支配が続き、市民層の形成も不十分だった。

　この保守的なドイツでも、フランス革命の理念を継承しようとする自由主

V これからのドイツ

義の人々が活動を続け、1849年にフランクフルト憲法をまとめたことがある。しかしせっかくの国民主導の憲法もプロイセン王の拒否にあって発効には至らなかったばかりか、1850年には国王を不可侵とする欽定のプロイセン憲法が制定された。以後、プロイセンを中心に上からの権威で近代化を進めたドイツは、1870年の普仏戦争勝利を機に帝国となり、第一次世界大戦に突き進む。しかし戦争の敗色が濃くなった1918年11月、社会民主党のシャイデマンが共和国を宣言。翌日、皇帝は亡命し、ドイツ帝国は崩壊した。

　翌1919年1月の選挙を経て、2月にヴァイマルで開催された国民会議で審議が始まり、8月に制定されたのが、「1919年8月11日制定のドイツ帝国憲法」、別名ヴァイマル憲法である。

　ヴァイマル憲法は、第1章第1条で「ドイツ国家は共和国である。その国家権力は国民に由来する」（グズィ著、原田武夫訳『ヴァイマール憲法』巻末掲載の全文による）と宣言し、国民主権を明確に定めた。そして自由主義と民主主義の原則を掲げ、他の欧米諸国に先駆けて女性の選挙権を定めたばかりか、生存権、労働者の団結権、企業における労働者の共同決定権、私企業の社会化、中産階級の保護、保険創設による母性の保護などの、数多くの社会権を規定した先進的な憲法だった。制定の中心的役割を担ったのは、社会民主党をはじめとするヴァイマル連合である。

　さらにヴァイマル憲法は、1918年の革命の高揚した雰囲気を反映して、直接民主主義の制度も積極的に取り入れた。とくに直接選挙で選ばれる大統領の権力は強大になったが、これがのちにナチ党の台頭を許す一因にもなった。

　1929年に世界恐慌が起こり、街頭に失業者があふれる中、1924年の選挙では32議席に過ぎなかったヒトラー率いる極右ナチ党は、1932年2回目の選挙では196議席を獲得し、社会民主党（121議席）を凌駕した。このときヒンデンブルク大統領は議会の意向を無視して緊急措置権を乱発したため、議会の立法権は形骸化してしまった。

　その大統領の権限をナチ党は、1933年3月24日に可決された「民族および国家の危機を除去するための法律」、通称「授権法」（政府に法律を制定する権利を与える法律）で奪った。授権法の制定には、全議員の3分の2の議席と出席議員の3分の2の賛成という2つの条件が課せられていたが、ナチ党は議員規則

を改正して欠席議員を出席扱いにする裁量を議長に与えるともに、脅迫まがいの取引を通じて社会民主党以外の出席議員に賛成票を投じさせ、授権法を成立させてしまった。

ヒトラーが首相に指名されてわずか2か月後に、このような姑息なやり方で授権法を可決させて立法権を手にしたナチス政権は、次々に法律を制定してヴァイマル共和国を独裁国家に変えてしまった。すなわち参議院を廃止し、ナチ党以外の全政党を解散し、大統領と首相の権限を総統に一体化して、一党独裁体制を確立するとともに、州議会を廃止して州政府を国に従属させ、総統を中心とする権威主義的一元支配体制を完成させたのである。ヴァイマル憲法は形式的には存続したが、憲法の根本思想である民主主義は根絶やしにされてしまった。

◆基本法の誕生とその特徴

1945年5月8日、ドイツは無条件降伏した。政府は廃止され、国土は米英仏ソの戦勝4カ国に分割占領された。そして東西冷戦の激化とともに、米英仏占領地域（西側）とソ連占領地域（東側）の対立は避けられなくなった。ドイツは東西に分断され、それぞれ別の国家とならざるをえない情勢だった。

1948年7月、米英仏の占領軍司令官は西側占領地域の11の州首相に憲法制定を促す文書を渡した。こうして戦後日本と同じように占領軍の指示によって始まった憲法制定だったが、すでに多くの憲法草案が作成されていたドイツでは占領軍の影響はそれほど大きくなかった。ヘレンキムゼー湖畔で開催された委員会でまとまった草案は、49年5月に基本法制定審議会で賛成多数で採択され、バイエルンを除く州議会の賛成を得て発効した。国家の暫定性を示すために基本法という名称が採用されたことは、先に述べたとおりである。

人間の尊厳の不可侵を宣言した第1条、人格の自由な発展の権利と生命・身体の自由を定めた第2条、法の下の平等と男女同権を定めた第3条、良心の自由と信仰の自由を定めた第4条、表現の自由と知る権利を定めた第5条など、基本法が規定する基本権条項には人間の尊厳を踏みにじったナチ体制への真摯な反省が込められている。公権力によって権利を侵害された者は連邦憲法裁判所に異議申し立てが認められているのも、その一例である（93条1項4a）。

さらに基本法は、授権法を可決して憲法を骨抜きにしたナチ党の暴挙がくり返されるのを防ぐために、人間の尊厳や自由、平等、国民主権、法治主義、抵抗権といった第1条から第20条までの基本原則を改正することを禁ずる条項を設けた（79条3項）。基本原則を改正するためには、基本法そのものを廃棄しなければならない仕組みである。

「闘う民主主義」と呼ばれる条項を定めている点も、ナチズムの反省に立つ基本法の大きな特色である。たとえば「合憲的秩序若しくは国際協調主義に反する団体等」の禁止（9条2項）、表現の自由や集会・結社の自由を「自由で民主的な基本秩序に敵対するために濫用する者は、これらの基本権を喪失する」(18条)、そして「自由で民主的な基本秩序を侵害若しくは除去し、又はドイツ連邦共和国の存立を危うくする」政党を違憲と断じる条項（21条2項）がこれにあたる。実際、1952年にはナチ党の後継政党とされた社会主義国権党が、1956年にはドイツ共産党が連邦憲法裁判所により違憲とされ、議席を失い財産を没収された。

また連邦議会選挙には「5％条項」が導入されている。これは、連邦議会で議席を得るには比例代表の得票の5％以上を獲得するか、あるいは小選挙区で3人以上の候補者が当選するか、いずれかを満たさなければならないとするもので、小政党が乱立して議会が機能不全に陥ったヴァイマル憲法を反省し、政権担当能力のある多数派を形成しやすくするために設けられたものである。

◆基本法の改正

このように基本権を手厚く保護している基本法だが、基本権を制限する改正が行われたこともある。たとえば1955年の再軍備に関連して、18歳以上の男子に兵役義務を課す徴兵制を導入し、兵役に従事する者の基本権の制限を追加したことがあった。しかしこの場合でも、良心上の理由から武器を伴う軍務を拒否する者に対して、良心の決定の自由を侵害してはならないとする文言が入った（12a条）。

また、1968年には防衛出動事態に関する改正が行われ、兵役および代替役務に就いていない者を非軍事的任務に就かせ、一定年齢の女性を医療活動に徴用し、信書の秘密の保障を制限するなど、基本権を制限する条項が盛り込まれ

ドイツ連邦議会議事堂 (撮影/五十嵐 豊)

た。その一方で、秩序の排除を企てる者に対する抵抗権をすべてのドイツ人に認めるという抵抗権条項も追加された (20条4項)。クーデターや革命などの脅威に対して、基本法の秩序と基本権を守る市民の権利を明記したのである。

　こうして基本法には多くの改正が行われているが、いずれも基本法の基本原則には手を付けずに、社会的コンセンサスを重視し、時代や政治状況、国際情勢の変化に合わせて適宜改正を行ってきた点に特徴がある。

　なかでも注目に値する基本法の改正は、1990年のドイツ再統一にともなう改正である。制定当初、統一までの暫定憲法として考えられていた基本法は、来るべき統一に関して2つの道を備えていた。一つは西ドイツ以外の地域が加入するというやり方 (旧23条。再統一にともない削除) であり、もう一つは新しい憲法を制定するやり方 (146条) だった。結局、新しい憲法を作る手間と時間を省くため前者のやり方が採用されたが、これは1990年3月に行われた東ドイツ最後の人民議会選挙で、西ドイツのキリスト教民主同盟 (CDU) の支援を受けたドイツ連合が早期の統一を訴えて東ドイツ国民の支持を獲得し、勝利を収めたためだった。

　もちろん現状でも基本法への国民の支持は厚く、その憲法としての規範性はきわめて安定しているが、再統一という本来の憲法を制定する絶好の機会を逃

屋上ドームからは
ベルリン市街が一望でき、
足下には天然光が降り注ぐ
議場が見える。
開かれた議会政治の象徴を
ひと目見ようと、見学者が
長蛇の列をなす
(©GNTB / Jochen Keute)

したままドイツは現在に至っているとも言える。

　このように政治状況が基本法に影響を与えた例は、再統一の方式をめぐる選択ばかりではない。基本法の前文は、「ドイツ国民は、神及び人間の前での責任を自覚し（……）、この基本法を制定した」という文章で始まっている。このように「神」という言葉を前文に掲げ、国家と宗教の協力関係を認める基本法は、国教こそ認めてはいないが、完全な政教分離でもない。その中間といったスタンスにある。

　国家と宗教の協力関係が基本法に盛り込まれたのは、敗戦直後の基本法制定審議会において、キリスト教民主・社会同盟（CDU・CSU）と社会民主党（SPD）の勢力が拮抗したためである。すなわち、キリスト教勢力に配慮して、基本法はヴァイマル憲法における国家教会法の諸規定をそのまま取り入れた（140条）。また、ヴァイマル憲法の特色だった社会権（127頁参照）の規定が基本法に少ないのも、ヴァイマル憲法制定の際の中心的勢力だった社会民主党の勢力が敗戦直後に後退したことと関係している。

　再統一後も基本法は、時代の変化に応じて基本権を拡張している。1994年には男女同権の促進と女性への差別による不利益の除去を国の義務と定めた（3条2項）。将来世代に対する責任を果たすため、自然的生活基盤及び動物を保護する規定も追加された（20a条）。他にもEU加盟国の国民に地方自治体の選挙権と被選挙権を与える（28条1項）などの改正が行われた基本法には、21世紀の多元的・多文化社会にふさわしい民主政の実現に向けて、一層の役割を果たすことが期待されている。　　　**（新野守広）**

「移民社会」に向かうドイツ

◆「多文化社会」から「移民社会」へ

　近年、ドイツから発信される文化では、移民の背景を持つアーティストたちの活躍が目立っている。2004年に『愛より強く』でベルリン映画祭金熊賞を、2007年に『そして私たちは愛に帰る』でカンヌ最優秀脚本賞を受賞したトルコ系ドイツ人の映画監督ファティ・アキンの名は、日本でも映画ファンには知られているだろう。

　ドイツ連邦統計局のデータによると、2014年末現在、ドイツ連邦共和国の全人口約8080万人のうち、約20％の1630万人が「移民の背景を持つ」とされている。人口の20パーセント、すなわち5人に1人が「移民の背景を持つ」ことは、社会のさまざまな場面で感じ取ることができる。都市によって違いはあるものの、たとえばベルリンやフランクフルト、ケルンなどの都市を歩けば、ドイツ語だけではなく、トルコ語、アラビア語、ロシア語、ポーランド語とさまざまな言語が聞こえ、また、それぞれの言語で書かれた店の看板も見える。イスラム教のモスクが立つ街もあるほか、ドイツのあちこちに多彩な地域の料理を出す店や、イスラムの定めに適したハラルフードの食材を売る店が並んでいる。マスメディアに登場する人々も多様である。公共テレビでは、ギリシャ系やポーランド系のアナウンサーがニュースを伝え、30年以上続く国民的番組である刑事もののテレビドラマでは、トルコ系や東欧系の俳優が主役を演じている。移民についてのステレオタイプをネタにする（自身が移民の背景を持つ）コメディアンが登場する番組も少なくない。サッカーやポップス音楽シーンは、移民の背景を持つプレイヤーなしには、もはやおそらく成立しないだろう。政治の舞台も例外ではない。1994年にドイツで初のトルコ系国会議員となったジェム・エヅデミルが、2008年以来、同盟90／緑の党の共同党首として党の顔であるのを始め、国政レベル、州や地方議会レベルでも、移民の背景を持った政治家が活躍している。

　そのドイツでは、逆説的に「多文化」(Multikultur) という概念は近年評判が悪く、「多文化は失敗した」と言われることも多い。「多文化社会」という概

Ⅴ　これからのドイツ

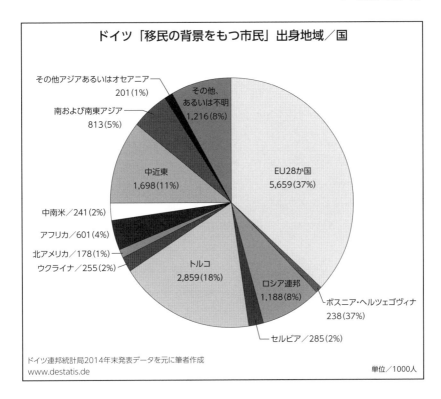

ドイツ連邦統計局2014年末発表データを元に筆者作成
www.destatis.de
単位/1000人

念は、1980、90年代、他者に寛容な社会を目指す立場の人たちによって用いられ、移民がドイツにもたらす文化によって社会が多様になることが肯定的に語られた。ホスト社会と移民との相互理解を目指した文化交流などの啓蒙的な活動が行われたほか、特にポップカルチャーシーンにおいては、その多様性を、ドイツ語の「多文化」(ムルティクルトゥア) を縮めて「ムルティクルティ」 (Multikulti) ともてはやす傾向があった。そのことはもちろん、ドイツの文化的多様性に貢献しているが、移民がもたらした食文化や音楽がドイツに定着するだけでは、さまざまな支援が必要な移民たちの平等な社会参加が実現されるわけではなかったのである。その意味で、「多文化の失敗」が語られるようになったということは、現実の社会での多様性が広く共有されていることの裏返しであるように見える。「移民の背景を持った市民」なしのドイツはもはや想像できない。

133

◆「移民の背景を持つ市民」

　この「移民の背景を持つ市民」という表現は、2000年代始め頃から、ドイ
ツで、「外国人」(Ausländer) や「移民」(Migrant) といった呼び方に代わる
「政治的に正しい」概念として用いられるようになり、現在では公式な表現と
なっている。「移民の背景を持つ者」とは、現在の国籍にかかわらず、「1949
年以降、現在のドイツ領に移住した者、ドイツで生まれた外国籍の者、あるい
はドイツ国籍所有者のうち、親の少なくとも一人が移住者であるかドイツで生
まれた際に外国籍だった者」と法的に定義されている。つまり、外国籍の在住
者のほか、本人はドイツ生まれでドイツ国籍を持っている者でも、親の一人が
移住者であれば「移民の背景を持つ」ことになる。

　このようなデータをドイツ政府が包括的に公表し始めたのは、政府が公式
に「移民受入国」であることを認め、「移民法」を施行した2005年のことで
ある。第二次世界大戦後、さまざまな段階を経て多くの移民や難民を受け入れ
ていたドイツであるが、（旧西ドイツの）政府は一貫して、「ドイツは移民受入
国ではない」という立場をとり、必要な移民政策を積極的には行わなかったの
である。1990年代半ばになってようやく、移民たちを、「外国人」としてで
はなく、ドイツ社会で生活する「市民」として位置づけるため、法的な整備や、
社会的な対策の必要性が国政レベルで本格的に議論されるようになり、「これ
までもドイツは事実上移民受入国であった」と宣言されるに至った。「移民の
背景を持つ市民」については、全人口に対する割合だけでなく、出身国や移民
背景、年齢、性別、家族構成、学歴、職業などについてのデータが包括的に発
表されている。このようなデータによって、移民の背景をもつ市民の社会生活
の一部が可視化され、必要な対策についての議論を可能にしている。

　また、1999年に「国籍法」が改正され、親がドイツ人であることを国籍の
条件とする「血統主義」を一部変更し、両親が外国籍であっても、ドイツで生
まれた子どもについては、一定の条件でドイツ国籍を取得することが可能にな
り、永住の意志がある移民が国籍を得る可能性が広がったことも大きな変革で
あった。

V これからのドイツ

ドイツ語文学の多様性

現代のドイツ語文学においても、移住経験を持つ作家たちの活躍が目立っている。ノーベル文学賞を受賞したヘルタ・ミュラーは、ルーマニアでドイツ系マイノリティとして生まれ、ドイツに移住した作家である。彼女の母語はドイツ語であるが、母語でないドイツ語で作品を書く作家も少なくない。

日本語翻訳のあるシリア出身のラフィク・シャミ、ボスニア・ヘルツェゴヴィナ出身のサーシャ・スタニシチ、日独両言語で書く多和田葉子のほか、トルコ出身のエミネ・セヴギ・エズダマやフェリドゥン・ザイモグル、イラク出身のアッバス・キダーなどの受賞作家たちの作品は、社会の多様性がまた文学の多様性ももたらすことの証左となっている。

◆ドイツに住む移民たち

「移民の背景を持った市民」の最も大きなグループは、ドイツでの就労が認められている EU 諸国の出身者で、約560万人である。その中でも隣国ポーランドから移住してきた人たちが多い。一方「移民」として最初にイメージされやすいのは、トルコ系の住民たちである。彼らの多くは、戦後西ドイツの経済成長を底辺で支えた外国人労働者とその家族たちである。第二次大戦後の経済復興途上にあった西ドイツは、労働力を補充するために、1955年にイタリア、1960年にスペイン、ギリシャ、1961年にトルコなど、全9カ国と労働者募集協定を結び、労働者を呼び寄せた。1973年、オイルショックを契機にこの労働者募集は打ち切られたが、多くのトルコ出身者は家族を呼び寄せドイツに定住し、現在でもトルコ出身者またはその家族が約280万人生活している。この中には、クルド人など、トルコの中の少数民族も含まれている。

また、旧ソ連からの移住者も多い。彼らは、冷戦中、あるいは1990年のソ連崩壊後、庇護を求めて亡命したり、あるいは仕事や教育の機会を求めてド

イツに移住した人たちである。なかでも、12世紀に始まる東方植民運動以来、旧ソ連領内や現在のバルト三国、ルーマニア、チェコなどに暮らしていた「ドイツ系住民」は、国籍法改正以前からドイツへの移住および国籍の取得が認められた。

　政府が移民政策に本格的に取り組む以前から、地方自治体や地域において、あるいは、市民団体や移民たちの団体によって、移民たちの社会生活を支援し、また、移民の文化を保護する活動が、継続して行われてきた。しかし一方で、体系的な対策が行われなかったことで、多くの「問題」が放置されてきたことも事実である。

◆ 「文化の衝突」か多様な社会か

　「移民問題」として主に想定されるのは、宗教や生活習慣の違いが大きいトルコ系住民をはじめとするイスラム文化圏出身者たちとの共生の問題である。文化の違いは、しばしば、政治的文脈に呼応する形で強調されてきた。1990年代初頭は、ドイツ統一に伴うナショナルな意識の高まりの中で、移民に対する襲撃事件が相次いだ。また、2001年アメリカの同時多発テロとそれに続いてマドリード、ロンドンなどで起きたテロ事件をきっかけに、世界的に「イスラム」を危険視する言説が繰り返されたが、ドイツのメディアも例外ではなく、しばしばドイツ社会の中に「文化の衝突」が起きていると語られる。2010年代になって「イスラム国」と名乗る軍事組織の活動が活発になり、パリやブリュッセルなどヨーロッパの都市がテロの標的となる中、ドイツで生まれ育った若者たちの一部がこの軍事組織に加わっていることが、大きな問題として取り上げられている。

　2014年、「西洋のイスラム化に反対する欧州愛国者」(PEGIDA：Patriotische Europäer gegn die Islamisierung des Abendlandes) と名乗るグループが、反イスラム的で排外主義的なデモを定期的に行い、その参加者が各地で増加したり、ナショナリスティックな傾向をもった政党「ドイツのための選択肢」(AfD：Alternative für Deutschland) が、難民受け入れを表明した政府を批判することによって支持を集め州議会で議席を獲得するなど、「衝突」は悪化しているように見える。

「文化の衝突」を主張する人々は、移民たちの中にドイツ語を習得していない層が一定数いること、また、行動の自由や教育の機会が制限されたり家族からの暴力被害に遭う女性がいること、また、低学歴のために仕事に就けない若者たちが犯罪を起こす傾向があることを、「イスラム」の文化に還元し、これを「移民問題」として語る傾向にある。移民が多く住む地域が、ドイツの中にあるもうひとつの別の社会、「平行社会」(Parallelgesellschaft) となっているという批判や、移民もドイツの「指導文化」(Leitkultur)、すなわち、民主主義、男女平等といった価値観、そして「ドイツ語」を守るべきだという主張がなされることもある。

　しかし、このような問題の多くは、教育機会の不平等など社会格差の問題でもある。2005年の移民法制定への議論では、これまで文化相対主義の立場から社会的、文化的な「同化政策」に慎重であった社民党や緑の党も、社会的な「統合政策」の必要性を認めるようになった。現在では、移住および国籍取得の際などに一定レベルのドイツ語能力と民主主義憲法、ドイツの社会制度や歴史の知識を得ることが条件となり、対象者は、「統合コース」と呼ばれるコースを受講し、「ドイツテスト」と一定のドイツ語レベルのテストを受けることになっている。また、政府は、2006年以降毎年、財界や文化団体、移民団体、宗教団体などとの議論の場として「統合サミット」を開催し、首相自ら出席することで移民の統合をめざす姿勢を示している。このような移民の社会統合に向けての試みは、ようやく始まったところであり、教育を含めたこれらの継続的な対策が一定の効果を示すまで、まだしばらく時間がかかるだろう。

（浜崎桂子）

「難民問題」に取り組むドイツ

◆ 「難民」とはどのような人たちか

　2015年、シリア内戦を逃れる多くの難民を受け入れる姿勢を示したドイツの決断が、日本のメディアでもしばしば報道された。国連難民高等弁務官事務所（UNHCR）の2015年上半期の推計では、世界で6000万人以上の人が難民状態にあり、現在、世界は未曾有の難民問題に直面している。一般的に、「移民」（Migrant）は自らの意志で他国へ移住する人々であるのに対し、「難民」（Flüchtlinge）とは、居住地を離れることを与儀なくされた人々のことであるが、その法的な定義は関連機関や国によって行われ、当事者の意志を必ずしも反映したものではない。他国へ移動する難民たちが必要とする保護も多様であり、紛争などの危機が終結するまでの一時的な保護が必要な場合もあれば、他国での長期滞在、あるいは永住を求める場合もあるだろう。

　「他国に庇護を求める権利」（Asylrecht）は、国連の「世界人権宣言」において基本的人権として規定されている。「難民」の定義、享受するべき保護と権利については、国際連合による通称「難民条約」（「難民の地位に関する1951年の条約」と「難民の地位に関する1967年の議定書」の両者を指す）が定めており、締約国は、「難民」に基本的人権のほかその国における制度上のさまざまな権利と保護を与えるべきであること、迫害の危険のある母国に送還してはならないことが決められている。

　しかし現実には、庇護を求める全ての人に自動的に権利や保護が与えられるわけではない。「難民条約」および各国の当該の法によって「難民」の基準は規定されており、庇護希望者はその基準によって審査され、正式な滞在許可や制度的な権利が認められるのである。上で述べた国連による「難民条約」は、第二次世界大戦によって生じた大量の難民、追放民の権利保護の必要性から1951年に締結された。この条約の規定によれば、「難民」とは「人種、宗教、国籍若しくは特定の社会的集団の構成員であること又は政治的意見を理由に迫害を受けるおそれがある」者であり、戦争や内戦からの避難は一義的には難民認定の理由とされていない。つまり、戦火から逃れた場合でも、「庇護権」が

Ⅴ　これからのドイツ

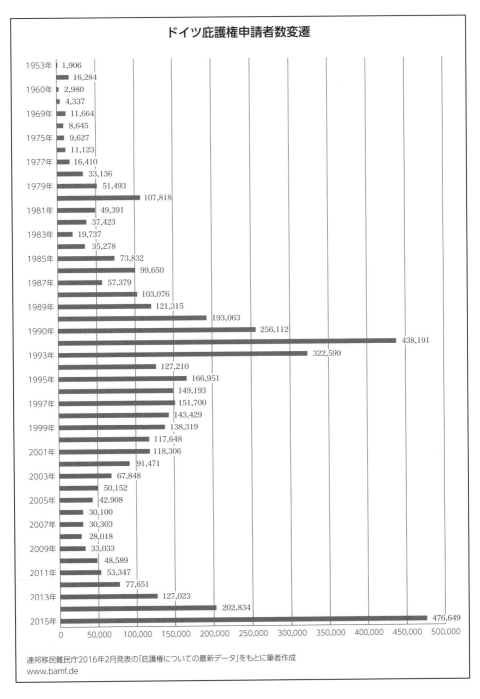

認められるためには、「迫害」の危機があることを証明することが求められるのである。とはいえ、現在、国連やEUでは、人権・人道上の規範から、紛争や内戦による危険下にある市民についても、必要とみなす場合は「補充的保護」を認め、「難民」に準じた扱いをしている。

◆「難民」とドイツの歴史

　現在、多くの「難民」が発生しているのは中東やアフリカ、アジアであるが、ヨーロッパでも、20世紀の二つの世界大戦や冷戦時代には多くの人々が故国を追われた。特にドイツでは、ナチ時代の人種主義、全体主義政策による迫害から、ユダヤ系住民約28万人、政治亡命者約3万人、思想的理由の亡命者約1万人が他国へ逃れている。一方、ナチス・ドイツの敗戦後、旧ドイツ東部領土がソ連、ポーランドなどの領土となると、ドイツ系住民は「追放民」（Vertriebene）として居住地を追われ、約800万人が旧西ドイツへ、約390万人が旧東ドイツへと移住した。戦後ドイツの歴史は、約1200万人にのぼるといわれる「難民」の移動とともに始まったといってもいい。

　戦後（西）ドイツは、憲法にあたる基本法第16条で、「政治的に迫害される者は、庇護権を享有する」ことを基本的人権として規定した。これは、ナチ時代に多くの難民が他国で庇護を得たことをふまえた条文であるといわれ、当時、国連や欧州の他国の規定よりも一歩ふみこんだ、高い理念に基づいたものであった。冷戦時代には、この規定によって、社会主義体制下の東欧諸国、中東やアジアの独裁政治下の国からの多くの人を受け入れた。

　冷戦終結、東西ドイツ統一後の1990年代には、旧ソ連地域や内戦状態となった旧ユーゴスラヴィアなどからの難民が急激に増え、1992年には庇護権申請者の数が1年で43万人とピークに達した。1989年までの35年間の申請数が約90万人だったことと比較しても非常に大きな数字である。また、冷戦終結後の新たなEUの枠組みの中、シェンゲン協定加盟国国境間の移動の自由化、EU共通の難民政策の整備を受け、ドイツでも受け入れを制限する議論が行われた。1993年には基本法第16条が改訂され、「安全な第三国」、すなわち、EU圏内、あるいは「難民条約」、「欧州人権条約」の適用が保証されている国から入国した場合には庇護権を認めないことが規定された。この「安全な第

V これからのドイツ

■ 難民の地位に関する条約（通称「難民条約」）

「難民の地位に関する1951年の条約」と「難民の地位に関する1967年の議定書」の両者を指し、国連難民高等弁務官事務所（UNHCR）の活動の法的基盤でもある。難民の法的地位、権利についての国際的な基準であり、締約国は、この基準に基づいて庇護権を認めた難民の権利を守り保護することが義務付けられている。日本は1981年に加盟した。ドイツ語での通称は、Genfer Flüchtlingskonvention（GFK）。条文は、UNHCRのホームページ（http://www.unhcr.or.jp/html/protect/treaty/）で確認できる。

■ ダブリン規約

EU圏内における、圏外からの難民による庇護権申請の取り扱いについて定めた規約。1990年当時、拡大前のEU加盟12カ国の「協定」として制定され、1997年に発効した。2003年の改定以降はEU内の「規約」として位置づけられている。この規約では、庇護希望者は、EU圏外から最初に入国した国において申請の手続きをし、当該の国が申請の審査を行うことが定められている。つまり、庇護を求める者は、EU圏内で複数の国で申請を行うことはできないため、仮にすでにEU圏内の国を経由してきた者が別のEU内の国で申請をしてきた場合は、上陸した国に送還されることになる。この規約によって、EUの境界に位置するギリシャ、イタリア、スペインなどに庇護申請が集中するなどの問題点もあり、2013年に大きな改訂が行われている。EUには加盟していないアイスランド、スイス、ノルウェーもこの条約を批准している。

■ 欧州人権条約

欧州評議会（Council of Europe）によって1950年に制定、1953年に発効した基本的人権の保護についての取決めで、正式名称は「人権と基本的自由の保護のための条約」（Convention for the Protection of Human Rights and Fundamental Freedoms）。欧州人権裁判所は、この条約を基盤としている。ドイツ基本法第16a条(1)では、政治的に迫害される者の庇護権を認めているが、同条(2)では、この欧州人権条約の適用が保証される国から入国してきたものについては、第1項を援用することができない、としている。

三国」は、議会が追加で規定することも可能で、受け入れ数を調整するための政治的判断によって定められることもある。また、難民認定の手続きに関するダブリン協定（1990年制定、1997年発効）では、EU圏に入国した難民の庇護権申請は、最初に入国した国が審査することになっており、他国を経由してドイツに来た難民の庇護申請は当該の国に差し戻されることとなった。これらの変更によって、1997年以降、ドイツでの新たな申請者の数は年間10万人を超えない年が続いた。状況が再び変化し申請数が再び大きく増加したのは、2011年に勃発したシリア内戦が激化して以降である。EU統計局のデータによると、2015年にEU諸国およびスイス、ノルウェーに提出された庇護申請数は120万を越え、そのうち約44万の申請がドイツに提出された。ドイツ連邦内務省の発表では、同年ドイツに庇護を求めた人々は約89万人にのぼった。

◆ドイツの「難民」受け入れ体制

　安全で安定した生活の可能性を求める難民たちが、EUでも最も経済力のあるドイツに向かうのは理解できることである。では、ドイツに庇護を求める人々はどのように、権利と保護を得て、ドイツ社会で生活していくのだろうか。

　ドイツに入国した難民が「庇護希望者」であることを国境警備局、警察、あるいは外国人局に申し出ると、受け入れ施設に送られ、宿泊場所、食事、衣服、健康の維持、生活に必要な物資、現金の給付を得る。ドイツ国内では、各州の税収入と人口に応じて、州ごとに庇護希望者受け入れの割合が決められており、申請者はそれに応じて各州の施設へと送られる。正式に庇護申請を行うと、連邦移民難民庁によって審査が行われる。面接などの手続きを経た審査には数カ月かかるが、基本法第16条に基づいて庇護権を認められると「庇護権認定者」として、国連「難民条約」に該当すると認められると「難民」として、上の二つには該当しないが、本国への帰還が不可能、あるいは望ましくないと認められる場合は、「補充的保護」を得た者として2～3年の滞在許可が得られ、その後定住許可を得ることも可能になる。庇護権が認定されなかった場合でも、「迫害の恐れがある母国に強制送還してはならない」という規定にあてはまる場合は国外退去強制が禁止されており、ドイツ滞在が「認容」される。このようにドイツ滞在を認められた人々には、ドイツでの社会的生活や学校教育に適

応できるよう、ドイツ語コース、またドイツ社会についての基礎知識を得るための「統合コース」が提供され、職業訓練などを受けることができる。

　このような法的に規定された権利のほか、難民の受け入れには、NPO、教会やモスクなどの宗教団体など、市民ボランティアによる支援も大きな役割を担っている。手続きの際の専門的な助言や通訳、生活相談、子どもや女性へのサービス、生活用品や資金の寄付、住居の提供、ドイツ語授業の提供、文化交流など、その活動は多岐にわたる。2015年9月、メルケル首相の政治判断により、一定期間、事実上ダブリン規約を無効にする形で難民の入国を認容した際も、多くの市民によって「歓迎文化」が示された。このような姿勢が広く共有されていることの背景には、ナチ時代のドイツが難民を多く生み出したという歴史認識、また1968年以降つちかわれてきた社会参加を重視する文化をあげることができるだろう。また、自ら、あるいは家族が難民としてドイツにやってきた人々も支援に多くかかわっている。

　しかし一方、経済格差の拡大、また相次ぐテロ事件への恐怖心などを背景に、その理由が移民や難民にあると主張する声も高まっている。2015年秋以降、政治的排外主義的なデモの数が増え、難民宿泊施設への放火が相次ぎ、難民受入拒否を叫ぶ極右に近い政党が支持を増やすといった憂慮すべき傾向も見過ごせなくなっている。第二次世界大戦後、継続して多くの庇護申請者を受け入れてきたドイツにとっても、1年の間に100万近い難民を受け入れることは前例のない事態であった。EUにおける経済的、政治的リーダーでもあるドイツが、国際的紛争の解決にどのように貢献していくのか、また国内では、基本的人権としての庇護権という理念を、実際的な行政上の問題を解決しながら今後どのように守っていくのか、また、大きな変化に直面しながらも新たにドイツにやってきた人々とどのように共生していくのかが問われている。

（浜崎桂子）

ドイツはなぜ脱原発を選択したか

◆「森の死」の衝撃

　環境保護先進国として強い関心を集めてきたドイツは、近年では脱原子力発電への方針転換と再生可能エネルギーの普及状況が世界を驚かせている。しかしドイツの人々の高い環境保護意識に、それほど長い歴史があったわけではない。確かに20世紀初頭には、19世紀の工業化と人口増大を経て、都市部の環境汚染はすでに問題視されていた。これを受けて景観保護や動物保護、郷土保護を謳う市民団体が各地域で運動を始めていたが、自然保護に関して行政的に大きな成果は得られていなかった。

　環境に対する意識が高まる契機となったのは、ルール工業地帯で激化した環境汚染である。大炭田を有し、第二次大戦後の経済復興の拠点となったこの地方では、1960年代に煤煙による大気汚染をはじめ環境汚染が深刻化していた。当時、ドイツ連邦共和国（西ドイツ）の野党の党首だったヴィリー・ブラントは、1961年頃から「ルール地方に青空を」をスローガンに選挙運動を展開し、1968年に政権を取ると、さっそく環境保護政策に着手した。1971年には環境綱領を発表、同年に「環境教育計画」を策定し、各州独自の環境教育が始められた。ごみの分別や省エネルギーなど、身近な生活環境の問題に取り組むこの環境教育は、初等教育から高等教育まで行われ、その後のドイツ市民の環境保全意識を培うことになった。またこの頃には環境保全への意識がヨーロッパ全体で高まり、国家レベルでの環境保護対策が各地で始まっていた。1970年は「欧州自然保護年」に指定され、1972年にはストックホルムで国連人間環境会議が開かれ、世界で初めて環境に関して政府間での会合が持たれた。

　しかし1970年以降、ヨーロッパでは環境汚染事故が相次いだことで、環境破壊への危機感はさらに募る。1976年に起きたイタリアのセベソ事故はダイオキシンの大量放出によって深刻な土壌汚染を起こし、22万人もの人々に被害を及ぼした。1986年にはスイスのサンド社農薬工場火災によって大量の有毒物質が流出し、土壌とライン川が汚染された。セベソ事故を受けて1980年代にはドイツのごみ焼却炉でのダイオキシンの発生が問題視されていたが、さ

らにドイツの人々にとって決定的な契機となったのは、この時期に明らかになった「森の死」と呼ばれる木々の衰弱現象だった。ドイツ人にとっての森は、かつては木材の供給元であり、ロマン主義的な美の対象であり、国を代表するシンボルでもあり、そして今なお心安らぐ憩いの場である。その愛すべき森の木々が大気汚染を原因とする酸性雨によって枯死していくという危機感が、人々を環境保護へと強く突き動かした。環境保護のために立ち上がった市民は産業界と激しく対立し、この対立が環境運動や環境政策を後押しして環境保護ブームを生む。そして

森の死（© Wikimedia Commons / SchiDD）

環境教育を受けた世代の成長とともに、共同体としての結びつきの強いドイツならではの市民の動きが、1983年に「緑の党」に連邦議会で初めて議席を獲得させたのだった。

　緑の党は、原子力発電事業に反対していた市民運動団体が団結した政治団体に、さらに多くの団体が加わった政党である。結成当時は党員の七割近くが35歳以下で、女性や学生、高学歴者が多数を占めた。東西ドイツ統一時には旧東ドイツの「同盟90」と統合し、環境保護、反原発、反核、平和主義を旗印とする大きな勢力となっている。1998年には社会民主党（SPD）と連立政権を樹立するに至ったが、それは1986年のチェルノブイリ原発事故によるバイエルン州での被害や、ドイツ再統一後に発覚した旧東ドイツ地域の著しい環境汚染を経た人々が、反原発や環境保護を訴えてきた緑の党を支持した結果に他ならなかった。

◆脱原発への道のり

　2011年３月11日の東日本大震災によって引き起こされた福島第一原子力発電所の大事故は、日本国内のみならず国外にも大きな衝撃を与えた。中でもこの事故に最も敏感な反応を示した国がドイツであった。ドイツは福島の事故を契機に従来のエネルギー政策を大きく転換させ、事故からわずか４カ月足らずという極めて短い時間で、世界の先進工業国としては初めて脱原発という道を選択したのである。

　西ドイツでの原発建設が本格化するのは1960年代のことである。当時の世界は、東西冷戦対立が次第に激しさを増しており、核戦争勃発への不安から、西ドイツでも核武装や核兵器に反対する大規模なデモが盛んに行われていた。1970年代に入ると、今度は世界規模での石油危機を追い風に、従来の化石エネルギーに替えて原子力エネルギーの利用を積極的に推し進めようという動きが強まりを見せる。

　そうした動きの一方で、西ドイツ各地では原発や原子力関連施設の建設をめぐり、激しい抵抗と反対運動が幾度も繰り返されていた。反原発派は地域の枠を超えて互いに連携を図るようになり、さらには核兵器廃絶を訴える平和運動派などとも合流しながら、彼らの活動は原子力そのものからの脱却を社会全体に向けて訴える運動へと広がっていった。そして1986年、当時のソビエト連邦ウクライナ共和国のチェルノブイリ原発で、史上最悪とも言われる原子力事故が発生する。これにより、近隣諸国とヨーロッパの大半の国々が深刻な放射能汚染被害に見舞われた。中でも西ドイツが受けた被害は大きく、総人口の受けた放射性物質実効線量の合計が最も多かった国は西ドイツであったとされている。この大事故を機に、一般市民の意識の内にも原発への不信や恐怖というものがはっきりと刻み込まれ、原発の廃止を求める声はより大きなものへと膨れ上がっていった。

　チェルノブイリの事故が起きた1980年代中頃の西ドイツでは、全エネルギーの８割以上を化石燃料に依存していた。当時はまた、地球規模での環境変動、いわゆる地球温暖化が大きな問題として注目され始めた時代でもあり、時のコール政権は将来のエネルギー政策に関して抜本的な見直しを迫られていた。原発は二酸化炭素を放出しないため、温暖化の進行を食い止めるのに有効なエネ

フクシマ原発事故直後の反原発デモ（© picture alliance / dpa）

ルギー源としてこれを積極的に推す向きも多い。しかし、チェルノブイリ事故後は、西ドイツ国内の多くの州が新たな原発の建設を認めようとはせず、さらに世論も原発反対へと大きく傾いていた。そのためコール政権は、化石燃料にも原子力にも頼らない再生可能エネルギー（とりわけ風力発電と太陽光発電）の開発をエネルギー政策の中心に据えることを決定。チェルノブイリ事故と同じ1986年に発足した連邦環境省を中心に、西ドイツは再生可能エネルギーの拡大と普及という次世代へ向けた大きな課題に本腰を入れて取り組み始めたのであった。

　コール政権は1982年から98年までの16年間という長きにわたる長期政権であり、この間にはチェルノブイリの事故、ベルリンの壁の崩壊、東西ドイツの再統一という世界史を揺るがすような出来事が立て続けに起こった。90年代に入り、東西ドイツ再統一の熱狂が冷めると、東西の格差問題などを中心に国民の不満は徐々に高まり始め、目に見える形での政治の変革が求められるようになる。1998年の連邦議会選挙の結果、これまでの保守連立政権に代り、シュレーダー率いるSPDと緑の党による左派連立政権が誕生した。原発反対運動を基盤として緑の党が誕生してから18年、チェルノブイリ事故を機に大きく躍進を続けてきた彼らは、遂に政権の一翼を担うまでに至った。連立政権綱

領には緑の党の要求で脱原発の方針が組みこまれ、2002年に施行された法律により、2020年代前半までにドイツ国内の原子力発電を止めることが定められ、原発や再処理施設を新たに建設することが禁じられた。将来の原発停止を定めたこの法律と共に、再生可能エネルギーを推進するための法律も制定された。

　2005年の連邦議会選挙の結果を受け、7年間にわたったSPDと緑の党による連立政権に代り、キリスト教民主・社会同盟（CDU・CSU）とSPDによる大連立が成立する。アンゲラ・メルケルが女性初の連邦首相となり、第一次メルケル政権が誕生した。さらに2009年の選挙では、CDU・CSUと自由民主党（FDP）の保守中道連立政権による第二次メルケル政権が発足した。メルケルは、これまでの政権が推進してきた再生可能エネルギー拡大・普及という方針を受け継ぎ、電力消費量に占める再生可能エネルギーの比率を当時の17%からさらに引き上げていき、2050年までには80%にまで引き上げるという意欲的な計画を打ち出していた。しかし、一方でメルケル政権は、SPDと緑の党の連立政権時代に達成された脱原発の合意に対し、大幅な修正を加えた。電力業界や産業界の意向を尊重し、再生可能エネルギーが普及するまでの過渡期のエネルギーとして原発の必要性を認め、先の政権が決めた原発の停止時期を平均して12年間延長することを決定したのである。

　このように、当初メルケルは明らかに原子力擁護の姿勢を見せていた。しかし、脱原発期限の延長を定めた法案が連邦議会で可決されてからわずか5カ月後、福島の原発事故が起こる。この様子はドイツでも連日大きく報じられ、市民の間にチェルノブイリの記憶をまざまざと呼び覚まし、瞬く間に大きな不安と恐怖が国中に広まった。事故直後から、ドイツ各地で大規模なデモや集会が自然発生的に繰り広げられ、数十万にものぼる数の参加者が国内にある全ての原発の即時停止と原発からの完全脱却を訴えた。福島の事故を受け、ドイツ政府もまた素早い対応を見せる。メルケルは、事故の4日後、当時稼働中であった7基の原子炉を全て停止させると、「原子炉安全委員会」（RSK）に対し、国内にある17基の原子炉について、災害や停電などの異常事態が起こった場合に十分な耐性があるかどうかを調べるストレステストを実施するよう命じた。原子力の専門家や技術者から構成されるRSKは、福島の事故から約2カ月後にテスト結果の鑑定書を政府に提出する。その内容は、ドイツの原発の安全性

に十分なお墨付きを与えるものであった。

　RSK による調査と並行し、メルケルは「安全なエネルギー供給に関する倫理委員会」と称される諮問委員会を設置。同委員会に対し、将来ドイツがどのようなエネルギー源を選択するべきかについて、倫理的な見地から、そして文明論的な見地から提言するように要請した。この委員会は、17人のメンバーから構成される。その顔ぶれは、社会学者、元連邦教育大臣、経済学者、政治学者、哲学者、教会大司教など、原子力技術とは関係のない分野の知識人ばかりであった。同委員会は2カ月弱という限られた時間の中、エネルギーと倫理について議論を重ねた。原子力は他のどんなエネルギーと比べても、何か問題が生じた時のリスクがはるかに大きい。そしてひとたび事故が起こった場合、その影響は国内にとどまらず、世界的規模に及ぶものである。さらに、原発による放射性廃棄物の問題は、今の世代だけではなく、何代にもわたって引き継がれていかざるを得ないものである。以上のことから、同委員会はメルケルに対し、「原子力は倫理的ではない。倫理的なエネルギー制度を作りたいのならば原子力はやめた方がよい。地球温暖化をもたらすエネルギーもやめた方がよい。ドイツの社会には一時的に負担がかかりはするが、次の世代のことを考えるなら、やはり今その方向に舵を切り、エネルギー大転換への投資をするべきだ」という答申を行った。

　二つの委員会の答申を受け、メルケルは、原発専門家による RSK の答申ではなく、いわば原発の素人たちから成る倫理委員会の答申を重視し、同委員会からの提言をほぼそのまま受け入れる形で、2022年末までに国内のすべての原発を停止させることを決定した。原子力が孕むリスクはあまりにも大きく、単に技術的側面からの考察だけで済むものではない。包括的かつ総合的な評価が必要であるとの結論を、メルケルは福島の事故から導き出したのである。メルケルは言う。「福島の事故は、原子力に対する私の態度を変えたのです」と。

　原子力に代わり、ドイツは再生可能エネルギーを将来のエネルギー源としていくことを選択した。すでに再生可能エネルギーの分野では、ドイツが世界のリーダーとして実績を上げつつある。ドイツが辿るポスト脱原発の道は、日本を含め他の多くの国々にとっても多くの示唆に富むモデルケースとなりうることであろう。　（吉村暁子・五十嵐 豊）

ヨーロッパはどこへ向かうのか ——統合の理念と現状

　ヨーロッパ統合の進展を肌で感じることができるのは、国境を越えるときだろう。シェンゲン協定（後述）加盟国の間では、出入国手続きは原則として行われない。ユーロを使用しているユーロ圏と呼ばれる国々では、通貨交換の必要もない。そのため隣の国に移動するときでも、国境でパスポートを見せることなく同じユーロを使い続けることができる場合が多い。自由な移動が可能となった結果、ヨーロッパの一体化は人々の生活に根付くことになった。

　しかし国境を越える自由な移動が実現したために、21世紀のヨーロッパは危機的な状況を迎えている。ヨーロッパ連合（EU）加盟国間の経済格差が露呈してユーロ危機が起こったことと、大量の難民・移民が域外から流入して加盟国間の足並みが乱れ、反EU・反移民の政治勢力が伸長したことなどがその原因として挙げられるだろう。

　ここではEUの歩みを振り返り、その理念と現状をまとめてみよう。EUとともに歩んできた第二次大戦後のドイツにとって、ヨーロッパ統合のゆくえはきわめて切実な問題である。

◆ヨーロッパに平和を！——ドイツとフランスの敵対関係の解消

　EUの前身は1952年に発足した欧州石炭鉄鋼共同体（ECSC）である。その設立にあたっては、何度も砲火を交え、二度の世界大戦でも敵味方に分かれて戦ったドイツとフランスが知恵を出し合った。戦争で廃墟となったヨーロッパに平和をもたらすために、国民国家を超える共同体をつくろうとした政治家がいたのである。

　フランス側の立役者は、国際連盟で事務次長を務めたジャン・モネと仏外相を務めたロベール・シューマンだった。モネは西ドイツの石炭と鉄鋼を各国で共同管理するという、一見不可能に思えるアイディアを提案した。これを受け止めたシューマンは、50年に「ヨーロッパの国々が結束するためには、フランスとドイツの敵対関係が解消されなくてはならない」と宣言し、ECSC構想を発表した。石炭と鉄鋼の共同生産が行われれば、「フランスとドイツの間の

V　これからのドイツ

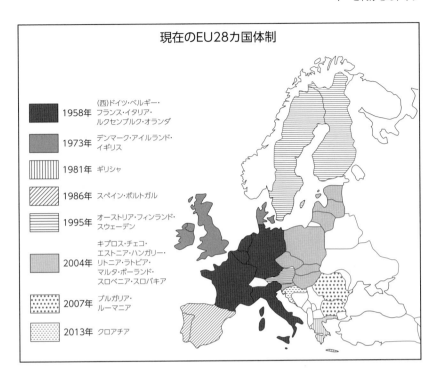

戦争は想像できなくなるばかりか、事実上不可能になる」と述べたシューマン宣言は、平和の実現という理念の表明として名高い。

　西ドイツ側では、初代連邦首相コンラート・アデナウアーが積極的に動いた。49年の建国から63年まで首相として在任し、西ドイツの戦後体制の確立に努めたアデナウアーは、ヨーロッパ域内での西ドイツの地位の早期回復をめざして、シューマンのECSC構想に賛同した。自国のみで資源を管理する孤立主義では域内で立ち行かないことは明らかだったのだ。西ドイツの主権に固執するよりも、ヨーロッパでの地位を固める実利を選択したのである。こうしてフランスと西ドイツが賛同し、イタリア、ベルギー、オランダ、ルクセンブルクが参加して、ECSCは1952年に6カ国で発足した。

　冷戦当時のヨーロッパには、域内がバラバラな状態では米ソ二大超大国の狭間に埋もれてしまうという危機感があった。そのため1955年のECSC外相会議で共同市場をめざす合意が成立し、1957年にはローマでヨーロッパ経済

151

共同体（EEC）とヨーロッパ原子力共同体（EURATOM）の設立条約が調印され、58年に両者は発足した。

こうしてヨーロッパ統合の歩みは、人、物、資本、サービスの自由な移動を保証する共同市場の実現をめざす段階に入った。すでにこの時点で、現在の欧州委員会の前身であるEEC委員会、閣僚理事会、欧州議会が作られ、超国家共同体の形ができあがった。さらに1967年にはECSC、EEC、EURATOMが統合されて欧州共同体（EC）が発足し、ヨーロッパの一体化は着実に進んでいった。

◆EU──自由と希望に満ちたヨーロッパの誕生

当初英国は統合に反対し、1960年にはデンマーク、ノルウェー、スウェーデンなどの6カ国とともに欧州自由貿易連合（EFTA）を発足させてEECに対抗したが、すぐに方針を転換し、1973年にデンマーク、アイルランドとともにECに加盟した。それ以降、1981年にはギリシャ、1986年にはスペインとポルトガル、1995年にはスウェーデン、フィンランド、オーストリア、2004年にキプロス、マルタ、チェコ、スロバキア、スロベニア、ハンガリー、ポーランド、エストニア、ラトビア、リトアニア、2007年にブルガリア、ルーマニア、2013年にクロアチアが加盟し、共同体は拡大を続けた。

1992年にはオランダのマーストリヒトでヨーロッパ連合条約が結ばれ（マーストリヒト条約）、ヨーロッパ連合（EU）が設立された。EUの特色は、経済協力を基盤とするECに共通外交・安全保障と司法・内務協力の二分野が加わった点にある。加盟各国は経済以外のこれらの分野でも主権の一部をEUに委譲し、EU全体として統一的な外交・安全保障政策等を遂行することになった。

「ヨーロッパ市民権」という考え方も導入された。EU加盟国の市民は加盟国ならどこでも自由に仕事や学業を行えるようになったばかりか、他の加盟国に居住する場合、欧州議会とその国の地方選挙の選挙権と被選挙権を持てるようになった。2000年代の東欧諸国への拡大にあたっては、基本的人権や労働者の権利保護なども整備された。

共同市場の実現をめざすシェンゲン協定も結ばれた。1985年にフランス、西ドイツ、ベルギー、オランダ、ルクセンブルクの代表がルクセンブルクのシ

ェンゲンに集まり、相互の国境間での検問を段階的に廃止することを目的とした協定に調印したのである。その10年後の1995年、この協定は英国とアイルランドを除くすべての加盟国が加わって発効し、協定加盟国間の国境検問は原則として廃止された。

さらに各国の通貨を廃止して共通通貨ユーロ（EURO）に切り替える交渉も進展した。ユーロは1999年に決済通貨として導入され、2002年1月1日から紙幣・硬貨の流通が始まり、人々は実際に日常生活でユーロを使い始めた。たとえばドイツからフランスに入るとき、マルクをフランに両替する必要がなくなった。パスポートも見せなくてよい。このような高い利便性を反映して、1999年に11カ国（当時のEU加盟15カ国中、イギリス、デンマーク、スウェーデンが参加せず、ギリシャは加盟条件を満たせず不参加）でスタートしたユーロ圏は、2001年にギリシャ、07年にスロベニア、08年にマルタとキプロス、09年にスロバキア、11年にエストニア、14年にラトビアが加わり18カ国に拡大したのもうなずける。

◆危機を迎えたEU──①EU加盟国間の格差とユーロ危機

こうして順調に歩み出したかに見えたヨーロッパ統合だったが、統合が進むにつれて、各国指導者と国民との間の懸隔も目立つようになった。そもそもマーストリヒト条約発効のために各国が批准手続きを進めていた1992年、デンマークで行われた国民投票では反対票が50.7%を占めたため、翌年デンマークは国民投票をやり直したことがあった。2004年には欧州憲法を制定するための条約がEU加盟国政府間で調印されたが、翌年フランスとオランダでの国民投票で批准が否決されたため、欧州憲法は発効に至らなかった。そのためEUは内容を修正し、2007年にリスボン条約が調印された。リスボン条約は各国議会等での批准を得て、2009年にようやく発効されている。

このようにEU加盟国の人々の間で統合への懐疑がくすぶるなか、ギリシャが財政赤字を偽ってユーロ圏に参加していたことが2009年に発覚した。ユーロに移行する国は、財政赤字をGDP比3%内に収めるとともに、政府債務残高をGDPの60%以下に抑えなければならなかったが、2001年にユーロに参加した当時のギリシャ政府はこれらの数字を偽り、政府債務残高を小さく見せ

ていたのである。しかもこのときユーロ圏諸国は、前年の2008年に生じたリーマンショックの痛手に苦しんでいた。そのためギリシャを震源に生じた信用不安は、おなじ共通通貨を使うユーロ圏諸国全体の信用不安に拡大した。

　ちなみに日本の政府債務残高は2014年度末で約780兆円（公債残高）、GDP比226.1％である（財務省のHPによる）。もし仮に日本がEUへの加盟を望んだとしても、多額の政府財務残高や死刑制度がネックになり（EUは基本憲章に死刑廃止を掲げている）、加盟することは難しい。

　ギリシャ危機に端を発したユーロ危機を乗り切るために、EUは欧州安定機構（ESM）を創設し、欧州中央銀行（ESB）の権限を強化するなどの金融・財政改革を行ったが、この過程で、ドイツの圧倒的な存在感とギリシャ、アイルランド、スペイン、ポルトガル等の窮状とが浮き彫りになった。同じEU加盟国であるにもかかわらず、富める国々と高い失業率に苦しむ国々との間の格差が露呈したのである。この結果、富める国々に移住する域内移民が増加するとともに、人々がセンセーショナルに煽られ、分断される傾向が強まった。

　経済の低迷が続く中、多くのEU加盟国で統合への期待がしぼみ、反EU・反移民を掲げる政党が支持をのばした。このようにEU統合への反対の声が高まる中で起こったのが難民・移民の大量流入だった。

◆危機を迎えたEU──②頻発するテロと域外からの大量難民・移民

　2010年12月にチュニジアで反政府デモが始まると、反体制運動は地中海南岸の北アフリカ諸国や中東に広がり、「アラブの春」と呼ばれる大規模な民主化運動が起こった。しかし2012年頃を境に状況は一変する。リビアのように政権崩壊後に武装組織同士が勢力争いを繰り広げ、無秩序状態になる国も現れ、シリアではアサド政権と反体制派の争いに加えて、過激派組織「イスラム国」（IS）が勢いを増し、深刻な内戦状態に陥った。

　戦闘や弾圧で生活の場を奪われ故郷を追われた人々は、庇護を求めてヨーロッパを目指した。難民申請者は2014年に約56万人、2015年には約125万人を超えた（EU統計局による）。粗末な小舟で地中海を横断し、難破などで命を落とす人々がニュースで報じられた。このような悲惨な出来事がヨーロッパで起きたのだ。

V これからのドイツ

　彼らの最初の到着国であるイタリア政府やギリシャ政府は、難民・移民の保護と収容をEU全体で取り組む必要を訴えた。しかし、EU加盟国の多くは難民・移民の引き受けに消極的だった。2015年1月7日にはパリの風刺雑誌「シャルリー・エブド」社が襲撃されたばかりか、同年11月13日にはパリで同時多発テロが起こり、100人を超える死者が出た。イスラム過激派への恐怖は、テロとは何の関係もない一般のイスラム教徒への拒否感につながった。すでにヨーロッパ各国に居住している何十万ものイスラム教徒への嫌がらせが頻発し、宗教間の分断が深まった。難民・移民の多くもイスラム教徒である。

　こうした中、引き続き受け入れを行うと表明したドイツに難民・移民が殺到した。2015年夏以降、ギリシャからドイツまでの長い陸路を大挙して歩く彼らの姿が報道されると、世界中の人々が事態の重大さを深刻に受け止めることになった。庇護を求めてドイツに入った人々は2015年だけで約89万人にのぼる。

　基本法第16条で難民・移民の保護をうたうドイツだが、これほど大量の難民・移民の流入という未曽有の事態を迎えて、世論が二分されたことも否定できない。反イスラムの政治勢力「ペギーダ」（PEGIDA）の街頭デモが復活したばかりか、移民排斥を掲げる新党「ドイツのための選択肢」（AfD）が2017年9月24日に投票が行われた連邦議会選挙でキリスト教民主・社会同盟、社会民主党に次ぐ第3党の議席数を獲得するなど、受け入れを進めたメルケル政権は政策変更を余儀なくされた（136頁参照）。

　低迷する経済から抜け出せず、テロが身近に起こり、難民・移民の大量流入を目にしたEU加盟国では統合への期待がしぼみ、反EU・反移民を掲げるポピュリズム政党が支持をのばしている。フランスでは反移民を掲げる国民戦線（現「国民連合（RN）」）、英国では英国独立党（UKIP）が有名だが、とくに英国では2016年6月23日に国民投票が行われ、EUからの離脱を支持する票が残留支持票を上回り、衝撃が走った。アメリカの大統領に反グローバリズムを掲げるドナルド・トランプが就任し、国際関係が不安定化するなかで、これらの反EU政党は各国の選挙でさらに得票率を伸ばすのだろうか。

　ヨーロッパはどこへ向かうのだろう。平和の実現のために超国家共同体という画期的な仕組みを導入したヨーロッパの今後を、世界中の人々が注目している。

（新野守広）

155

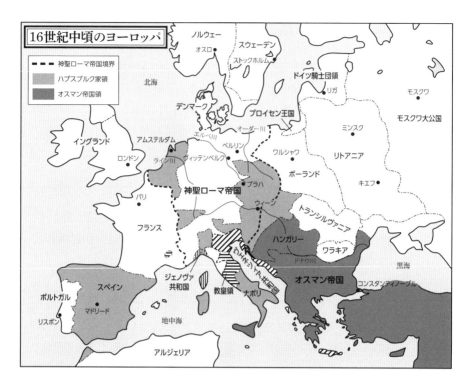

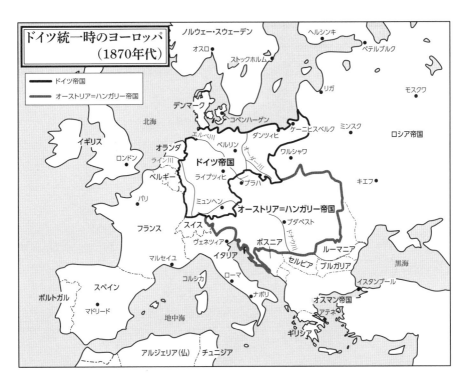
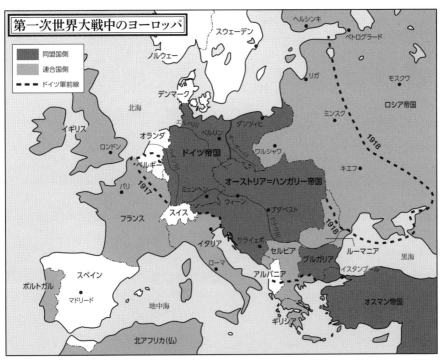

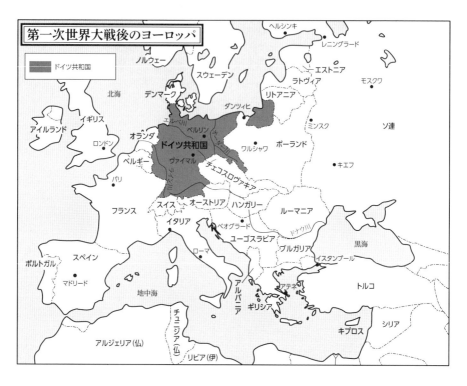

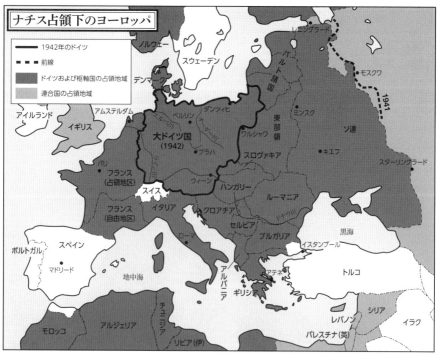

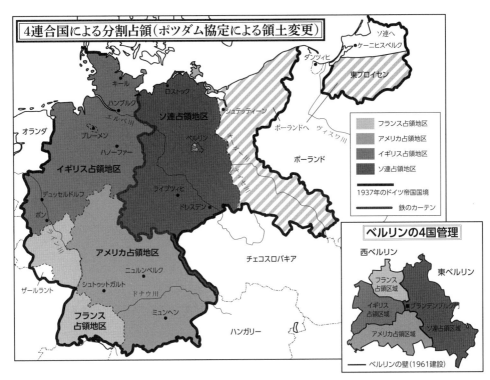

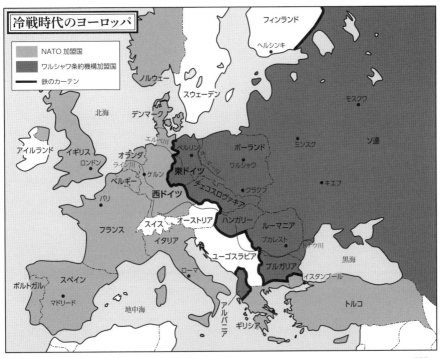

知ってほしい国ドイツ◎関連年表

962年	オットー1世戴冠（神聖ローマ帝国の起源）
1054年	キリスト教会が東（ギリシア正教会）と西（ローマ＝カトリック教会）に完全分裂
1077年	カノッサの屈辱事件（聖職叙任権をめぐってローマ教皇グレゴリウス7世と対立していた 神聖ローマ皇帝ハインリヒ4世が破門の解除を願い、赦しを得る）
1096年	セルジュク＝トルコが聖地を占領（第1回十字軍）
1122年	ヴォルムス協約（叙任権は教会にあり、皇帝には世俗の権威のみ与えられる）
1273年	ハプスブルク家のルドルフ、国王に選出
1414年	コンスタンツ公会議。翌年、フスの処刑
1517年	マルティン・ルター、95箇条の提題を発表
1524–25年	ドイツ農民戦争
1555年	アウクスブルクの宗教会議（ルター派公認）
1618–48年	三十年戦争
1648年	ヴェストファーレン講和条約（三十年戦争終結。領邦国家の主権承認）
1683年	トルコ戦争開始。トルコ軍、ウィーン包囲。ヨーロッパ軍、ウィーンを解放
1701年	プロイセン王国成立
1740年	プロイセンでフリードリヒ2世（大王）即位 ハプスブルク家でマリア・テレジア即位、オーストリア継承戦争（〜48）へと拡大
1756年	七年戦争勃発（〜63）
1789年	フランス革命勃発
1793年	フランス国王ルイ16世、王妃マリ・アントワネット処刑
1797年	フランス軍、オーストリア軍を撃破。フランスにライン左岸を割譲 ナポレオン時代のはじまり
1804年	神聖ローマ皇帝フランツ2世、オーストリア皇帝を称する
1806年	ライン同盟成立。フランツ2世退位：神聖ローマ帝国消滅 ナポレオン、「大陸封鎖令」発令
1813年	プロイセン・ロシア同盟締結。解放戦争。同盟軍、ナポレオン軍を破る ライプツィヒの戦い
1814年	ウィーン会議開催。ナポレオン退位。ウィーン体制成立
1815年	ドイツ連邦結成（〜66）
1834年	ドイツ関税同盟成立（鉄道・汽船の発達による統一市場形成と経済国民としての一体感）
1847年	各地で飢餓に端を発する暴動勃発
1848年	フランス二月革命、ベルリン三月革命、ウィーン三月革命。ウィーン体制崩壊
1862年	ビスマルク、プロイセン首相に就任、「鉄血演説」を行う
1864年	プロイセン、オーストリアによる対デンマーク戦争
1866年	プロイセン・オーストリア戦争
1867年	北ドイツ連邦成立　オーストリア＝ハンガリー二重帝国成立
1870年	プロイセン・フランス戦争
1871年	ドイツ帝国成立（ヴィルヘルム1世皇帝に即位）
1882年	独墺伊三国同盟
1884年	南太平洋の諸島を保護領化：ビスマルク諸島と呼称
1888年	ヴィルヘルム2世即位
1890年	ビスマルク罷免
1894年	露仏同盟
1898年	第一次艦隊法　バグダード鉄道建設協定
1900年	第二次艦隊法

1904年	英仏協商
1908年	オーストリア、ボスニア＝ヘルツェゴビナ併合
1914年	第一次大戦はじまる
1917年	ロシア革命勃発
1919年	**ヴァイマル共和国**成立。ドイツ労働者党（ナチ党の前身）創設
1920年	ナチ党に改称
1923年	フランス・ベルギー、ルール占領　ヒトラーによるミュンヘン一揆
1924年	ドーズ案
1929年	世界恐慌
1932年	ナチ党、第一党に躍進
1933年	**ヒトラー内閣成立。第三帝国成立** 国会議事堂炎上事件。全権委任法成立
1935年	ニュルンベルク人種法制定
1936年	ベルリン・オリンピック開催　スペイン内乱
1938年	オーストリア併合　水晶の夜事件
1939年	第二次世界大戦はじまる
1941年	独ソ戦はじまる　対米開戦
1945年	第二次世界大戦終結　米英仏ソによる分割統治はじまる
1948年	通貨改革　ソ連によるベルリン封鎖
1949年	**ドイツ連邦共和国**（西ドイツ）**成立　アデナウアー政権発足** **ドイツ民主共和国**（東ドイツ）**成立**
1950年	朝鮮戦争勃発（〜53）
1952年	欧州石炭鉄鋼共同体（ECSC）発足
1955年	西ドイツ、主権回復、北大西洋条約機構（NATO）加盟 東ドイツ、ワルシャワ条約機構（WTO）加盟
1958年	ヨーロッパ経済共同体（EEC）、ヨーロッパ原子力共同体（EURATOM）発足
1961年	ベルリンの壁建設
1965年	イスラエルと国交樹立 米、北ベトナムで北爆
1967年	ヨーロッパ共同体（EC）発足
1968年	学生運動高揚
1969年	ブラント・シュミット政権発足
1970年	ソ連とモスクワ条約、ポーランドとワルシャワ条約締結 ブラント、ワルシャワゲットー跡地訪問時、ユダヤ人犠牲者追悼碑の前で跪いて謝罪の意表明
1982年	コール政権発足
1983年	緑の党、連邦議会に進出
1986年	チェルノブイリ原発事故
1989年	ベルリンの壁崩壊
1990年	**東西ドイツ統一**
1991年	ユーゴスラビア紛争はじまる
1992年	ヨーロッパ連合条約（マーストリヒト条約）、EU設立
1998年	シュレーダー政権発足
1999年	ユーロ導入
2003年	「アゲンダ2010」発表 イラク戦争
2005年	メルケル政権発足
2016年	英国で国民投票、EU離脱支持が過半数を獲得

参考図書●ドイツのことをもっと詳しく知りたい人のために

【ドイツの生活・社会】

水島 信『ドイツ流街づくり読本』鹿島出版会　2006／2011

岩村偉史『ドイツ人の価値観』三修社　2011

グレーフェ或子『ドイツの犬はなぜ幸せか ─犬の権利、人の義務』中公文庫　2000

熊谷 徹『ドイツ人はなぜ、1年に150日休んでも仕事が回るのか』青春出版　2015

岩村偉史『ドイツ人の価値観』三修社　2010

アルブレヒト・レーマン『森のフォークロア』（識名章喜／大淵知直 訳）法政大学出版局　2005

川名英之『こうして…森と緑は守られた!!』三修社　1999

川名英之『なぜドイツは脱原発を選んだのか』合同出版　2013

フランク・ユーケッター『ドイツ環境史』（服部 伸／藤原辰史ほか 訳）昭和堂　2014

フランク・ユケッター『ナチスと自然保護　景観美・アウトバーン・森林と狩猟』（和田佐規子 訳）
　築地書館　2016

熊谷 徹『なぜメルケルは「転向」したのか』日経 BP 社　2012

安全なエネルギー供給に関する倫理委員会著『ドイツ脱原発倫理委員会報告』
　（吉田文和／ミランダ・シュラーズ 訳）大月書店　2013

吉島 茂／大橋理枝ほか 編訳『外国語教育 II 外国語の学習、教授、評価のためのヨーロッパ共通参照枠』
　朝日出版社　2004

石川真作『ドイツ在住トルコ系移民の文化と地域社会』立教大学出版会　2012

石川真作／渋谷 努／山本須美子 編『周縁から照射する EU 社会』世界思想社　2012

近藤潤三『移民国としてのドイツ ─社会統合と平行社会のゆくえ』木鐸社　2007

矢野 久『労働移民の社会史─戦後ドイツの経験』現代書館　2010

【ドイツの文化・芸術・思想】

生野幸吉／檜山哲彦 編『ドイツ名詩選』岩波文庫　1993

金子晴勇／江口再起 編『ルターを学ぶ人のために』世界思想社　2008

永田諒一『宗教改革の真実』講談社現代新書　2004

徳善義和『マルティン・ルター　ことばに生きた改革者』岩波新書　2012

エルンスト・シューベルト『名もなき中世人の日常』（藤代幸一 訳）八坂書房　2005

大貫 隆／名取四郎／宮本久雄／百瀬文晃 編『岩波　キリスト教辞典』岩波書店　2002

鈴木淳子『ヴァーグナーと反ユダヤ主義』アルテスパブリッシング　2011

バリー・ミリントン『ワーグナー ─バイロイトの魔術師』（和泉 香 訳）悠書館　2013

ローザ・ルクセンブルク『獄中からの手紙』（秋元寿恵夫 訳）岩波文庫　1982

パウル・フレーリヒ『ローザ・ルクセンブルク』（伊藤成彦 訳）御茶の水書房　1987

ジークフリート・クラカウアー『ギンスター』（平井 正／斎藤松三郎 訳）せりか書房　1985

エルンスト・ユンガー『追悼の政治』（川合全弘 訳）月曜社　2005

ジョージ・L・モッセ『英霊 ─創られた世界大戦の記憶』（宮武実知子 訳）柏書房　2002

ジャン＝ジャック・ベッケールほか『仏独共同通史　第 1 次世界大戦』（剣持久木ほか 訳）岩波書店　2012

細見和之『「戦後」の思想 ─カントからハーバーマスへ』白水社　2009

山室信一／岡田暁生／小関 隆／藤原辰史編『現代の起点　第一次世界大戦』岩波書店　2014

クラウス・クライマイアー『ウーファ物語』（平田達治／山本佳樹ほか 訳）鳥影社　2005

岩崎 昶『ヒトラーと映画』朝日選書　1975

平井 正『20 世紀の権力とメディア』雄山閣　1995

飯田道子『ナチスと映画』中公新書　2008

石田勇治『ヒトラーとナチ・ドイツ』講談社現代新書　2015

池田浩士『ヴァイマル憲法とヒトラー』岩波書店　2015

ギュンター・グラス『玉ねぎの皮をむきながら』（依岡隆児　訳）集英社　2008

ヴォルフ・エアルブルッフ『死神さんとアヒルさん』（三浦美紀子　訳）草土文化　2008

アクセル・ハッケ／ミヒャエル・ゾーヴァ『プラリネク　あるクリスマスの物語』（三浦美紀子　訳）
　三修社　2005

エルケ・ハイデンライヒ『エーリカ　あるいは生きることの隠れた意味』（三浦美紀子　訳）三修社　2003

【ドイツ現代史】

石田勇治『20世紀ドイツ史』白水社　2005

井関正久『ドイツを変えた68年運動』白水社　2006

熊谷 徹『日本とドイツふたつの「戦後」』集英社現代新書　2015

熊谷 徹『ドイツは過去とどう向き合ってきたか』高文研　2007

石田勇治『過去の克服 ―ヒトラー後のドイツ』白水社　2002

三島憲一『現代ドイツ ―統一後の知的軌跡』岩波新書　2006

ラウル・ヒルバーグ『ヨーロッパ・ユダヤ人の絶滅』（望田幸男ほか　訳）柏書房　2012

芝 健介『ホロコースト』中公新書　2008

増渕幸男『ナチズムと教育』東信堂　2004

武井彩佳『戦後ドイツのユダヤ人』白水社　2005

市川ひろみ『兵役拒否の思想　市民的不服従の理念と展開』明石書店　2007

近藤隆弘『国際歴史教科書』中公新書　1998

川喜田敦子『ドイツの歴史教育』白水社　2005

ペーター・ガイス／ギヨーム・ル・カントレック 監修『ドイツ・フランス共通歴史教科書［近現代史］
　［現代史］』（福井憲彦、近藤孝弘 監訳）明石書店　2016／2008

塩津 徹『現代ドイツ憲法史 ―ワイマール憲法からボン基本法へ』成文堂　2003

高橋和之 編『世界憲法集』岩波文庫　2012

遠藤 乾『欧州複合危機 ―苦悶するEU、揺れる世界』中公新書　2016

リヒャルト・フォン・ヴァイツゼッカー『ドイツ統一への道』（永井清彦　訳）岩波書店　2010

リヒャルト・フォン・ヴァイツゼッカー『新版 荒れ野の40年』（永井清彦　訳）岩波ブックレット　2009

熊谷 徹『ドイツ中興の祖　ゲアハルト・シュレーダー』日経BP社　2014

ヨアヒム・ガウク『夏に訪れた冬、秋に訪れた春 ―ガウク自伝』（新野守広　訳）論創社　2017

【ウェブサイト】

ベルリン動物保護協会　http://www.tierschutz-berlin.de/

「ルターの婚礼」祭　http://lutherhochzeit.de/

「記憶・責任・未来」基金　http://stiftung-evz.de/

ゲオルク・エッカート国際教科書研究所　http://gei.de/home.html

ドイツ連邦統計局　https://www.destatis.de/

EU統計局　http://epp.eurostat.ec.europa.eu/

国連難民高等弁務官事務所（UNHCR）　http://www.unhcr.org/

連邦移民難民庁　http://www.bamf.de/

人名索引

【ア行】

アイヒマン
（Adolf Eichmann 1906-1962）　93,96,104,116

アキン（Fatih Akin 1973- ）　132

アデナウアー
（Konrad Adenauer 1876-1967）　103,104,151

アドルノ（Theodor Adorno 1903-1969）　74

アプトニオス（Aphthonios 4世紀後半）　87

アーレント（Hanna Arendt 1906-1975）　92-95,116

ヴァイス（Peter Weiss 1916-1982）　104

ヴァイツゼッカー
（Richard von Weizsäcker 1920-2015）　74,75

ヴィグマン（Mary Wigman 1886-1973）　81,82

ヴィルヘルム4世（Wilhelm IV. 1493-1550）　12

ヴェーゲナー（Paul Wegener 1874-1948）　53,64

エアルブルッフ（Wolf Erlbruch 1948- ）　88,89

エジル（Mesut Özil 1988- ）　76,77

エヅダマ（Emine Sevgi Özdamar 1946- ）　135

エヅデミル（Cem Özdemir 1965- ）　132

小田実（1932-2007）　120

オットー1世（Otto I. 912-973）　30

【カ行】

カフカ（Franz Kafka 1883-1924）　93-95

カント（Immanuel Kant 1724-1804）　92

クラカウアー
（Siegfried Kracauer 1889-1966）　54-59

グラス（Günter Grass 1927-2015）　117

クラーナハ（Lucas Cranach 1472-1553）　35

ゲッベルス
（Joseph Goebbels 1897-1945）　66,68,103,110

ゲーテ（Johann Wolfgang von Goethe 1749-1832）
28-31,93

ゴルバチョフ（Mikhail Gorbachev 1931- ）　72

コール（Helmut Kohl 1930-2017）　147

【サ行】

ザイモグル（Feridun Zaimoglu 1964- ）　135

シャイデマン
（Philipp Heinrich Scheidemann 1865-1939）　127

シェーラー（Max Scheler 1874-1928）　59

ジダン（Zinedine Zidane 1972- ）　76

シャミ（Rafik Schami 1946- ）　135

シュタウフェンベルク
（Claus Graf von Stauffenberg 1907-1944）　107

シュレーダー
（Gerhard Schröder 1944- ）　75,147

シューマン（Robert Schuman 1886-1963）　150,151

ゼーバー（Guido Seeber 1879-1940）　53

スクラダノフスキー
（Max Skladanowsky 1863-1939）　52

スタニシチ（Saša Stanišić 1978- ）　135

ゾーヴァ（Michael Sowa 1945- ）　89,90

【タ行】

タキトゥス（Cornelius Tacitus 55頃-120頃）　102

チャップリン
（Charlie Chaplin 1889-1977）　58,111

ツェラン（Paul Celan 1920-1970）　94,95

手塚治虫（1928-1989）　28

トート（Fritz Todt 1891-1942）　16,17

トランプ（Donald Trump 1946- ）　155

【ナ行】

ニーチェ（Friedrich Nietzsche 1844-1900）　102

ニーメラー（Martin Niemöller 1892-1984）　121

【ハ行】

ハイネ（Heinrich Heine 1797-1856）　93-95,108

ハイデンライヒ（Elke Heidenreich 1943- ）　90

バウシュ（Pina Bausch 1940-2009）　80-83

ハッケ（Axel Hacke 1956- ）　89,90

ハーバーマス（Jürgen Habermas 1929- ）　74

ヒトラー（Adolf Hitler 1889-1945）
14-17,46,68,96,103,110-116,127,128

ヒムラー（Heinrich Himmler 1900-1945）　68,103

ヒンデンブルク
（Paul von Hindenburg 1847-1934）　127

フィッシャー（Joschka Fischer 1948- ）　73-75

フランク（Anne Frank 1929-1945）　98,115

フリードリヒ賢侯
（FriedrichIII. der Weise 1463-1525）　40

ブレヒト（Bertolt Brecht 1898-1956）　71,72,82

ブラームス（Johannes Brahms 1833-1897）　42,43

ブラント（Willy Brandt 1913-1992）　105,144

ブロッホ（Ernst Bloch 1885-1977）　54,57,59

ブーゲンハーゲン
（Johannes Bugenhagen 1485-1558）　36

ベートーヴェン
（Ludwig van Beethoven 1770-1827）　42,43

ヘルツ（Henriette Herz 1764-1847）　92

ベンヤミン
（Walter Benjamin 1892-1940）　54,57,72,83

ポルシェ（Ferdinand Porsche 1875-1951）　14-16

ホルツヴァルト（Werner Holzwarth 1947- ）　88

ボーラ（Katharina von Bora 1499-1552）　36

ボンヘッファー
（Dietrich Bonhoeffer 1906-1945）　118

【マ行】

マルクス（Karl Marx 1818-1883）　57,60

マーラー（Gustav Mahler 1860-1911）　113

水木しげる（1922-2015）　28

ミュラー（Herta Müller 1953- ）　135

ムルナウ
（Friedrich Wilhelm Murnau 1888-1931）　65

メスター（Oskar Messter 1866-1943）　53

メランヒトン（Philipp Melanchthon 1497-1560）　41

メルケル
（Angela Merkel 1954- ）　143,148,149,155

メンデルスゾーン
（Moses Mendelssohn 1729-1786）　92,124

モネ（Jean Monnet 1888-1979）　150

森 鷗外（1862-1922）　28,78

【ヤ行】

ユンガー（Ernst Jünger 1895-1998）　56

ヨーゼフ2世（Joseph II. 1741-1790）　94

ヨース（Kurt Jooss 1901-1979）　81,82

【ラ行】

ラヴィー（Oren Lavie 1976- ）　89

ラング（Fritz Lang 1890-1976）　66

リーフェンシュタール
（Leni Riefenstahl 1902-2003）　110

リープクネヒト（Karl Liebknecht 1871-1919）　60-63

リンデ（Carl von Linde 1842-1934）　13

ルクセンブルク
（Rosa Luxemburg 1871-1919）　60-63

ルター（Martin Luther 1483-1546）　32-41,96

ルットマン（Walter Ruttmann 1887-1941）　66

ルビッチ（Ernst Lubitsch 1892-1947）　64,111

ルートヴィヒ2世（Ludwig II, 1845-1886）　42,44

レーニン（Vladimir Lenin 1870-1924）　60

レマルク（Erich Paul Remark 1898-1970）　54

ローヴォルト（Harry Rowohlt 1945-2015）　89

【ワ行】

ワーグナー
（Richard Wagner 1813-1883）　42-47,102

あとがき

　本書を読んでくださった皆さん、ドイツ観に何か新しいことが付け加わったでしょうか。これから読んでみようとしている皆さん、さがしておられるテーマは見つかりそうでしょうか。

　ヨーロッパをめぐる状況はめまぐるしく変化しています。イギリスのヨーロッパ連合（EU）脱退につづいて、押し寄せる難民に悲鳴をあげる国々の中には、難民受け入れを止めようとする動きも出ています。率先して難民に手をさしのべてきたドイツの今後の動向がますます注目されていくことはまちがいないでしょう。本書が皆さんのドイツへの関心をさらに広げる一助となれば、執筆者一同、これ以上のよろこびはありません。

　本書はドイツについて学ぼうとしている学生だけでなく、広くドイツ語圏のことに関心のある方々の興味にも応えられるよう、現代のドイツ文化事情を紹介しています。

　それぞれの執筆者が専門の視点から歴史・文化の背景を掘り下げ初めての人にもわかりやすく、なおかつ表面的にならないようにこころがけて執筆を進めました。ひとつのテーマから別の新たなテーマへとつながり、相互に関連しあって、ドイツという国の像が浮かび上がってくれば幸いです。

　この本は 2012 年に他界された平井正先生の広範な研究を偲び、立教大学でドイツ語教育にたずさわっている教員が中心となって作りました。

　最後に、企画の段階から相談に乗っていただいた高文研の山本邦彦氏、編集の労をとってくださった真鍋かおる氏に心からの感謝を申し上げます。

　　2017 年夏

新野守広
飯田道子
梅田紅子

執筆者一覧 （※＝編著者）

飯田道子（※）
立教大学兼任講師 著書『ナチスと映画』（中公新書）共訳書『ウーファ物語』（鳥影社）『ドイツ映画の誕生』（高科書店）他

五十嵐 豊
立教大学兼任講師 共著書スイス文学研究会編『スイスを知るための60章』（明石書店）

梅田紅子（※）
立教大学兼任講師

江口直光
愛知文教大学教授 著書『ワーグナーシュンポシオン2015』（東海大学出版部）共訳書『ヴァーグナー大事典』（平凡社）他

梶谷雄二
立教大学兼任講師 著書『すれ違う幻想』（三元社）訳書『男という病』『男という病の治し方』（三元社）

狩野智洋
学習院大学教授 著書『ペーター・ハントケの演劇』（学習院大学研究叢書35）共著書『ドイツ文学』（自由国民社）共訳書『ヴァーグナー家の黄昏』（平凡社）他

佐伯 啓
東北学院大学教授 著書『ことたび ドイツ語』（白水社）共著書『境界と形成』（Wissenschaftlicher Verlag/ ドイツ語）他

佐藤修司
立教大学兼任講師 共著書『探求ドイツの文学と言語』（東洋出版）

副島博彦
立教大学教授 共著書『現代ドイツのパフォーミングアーツ』（三元社）『バレエとダンスの歴史』（平凡社）共訳書『ドラキュラの遺言』（産業図書）他

高橋輝暁
立教大学名誉教授 著書『比較対照文化学を目指す日本のドイツ文化研究』（Wilhelm Fink Verlag/ ドイツ語）共訳書『ラスト・ワールド』（中央公論社）編著書『人間形成としての教養』（春風社）

新野守広（※）
立教大学教授 著書『演劇都市ベルリン』（れんが書房新社）訳書『夏に訪れた冬、秋に訪れた春－ガウク自伝』（論創社）他

浜崎桂子
立教大学教授 著書『ドイツの「移民文学」』（彩流社）共編書『ドイツ語が織りなす社会と文化』（関西大学出版）

林 志津江
法政大学教授 共訳書『メディアの歴史』（法政大学出版局）共著書『ドイツ文化55のキーワード』（ミネルヴァ書房）

原 克
早稲田大学教授 著書『流線形シンドローム』（紀伊國屋書店）『アップルパイ神話の時代』（岩波書店）『身体補完計画』『白物家電の神話』（青土社）他

三浦美紀子
日本大学兼任講師 翻訳テレビドキュメンタリー『ヒトラーと6人の側近たち』（VHS）訳書『ヌレエフの犬』（三修社）他

吉田治代
新潟大学准教授 著書『ブロッホと「多元的宇宙」』（知泉書館）共編著『日本支配地域における亡命』（Metropol Verlag/ ドイツ語）

吉村暁子
立教大学兼任講師

知ってほしい国ドイツ

● 2017 年 9 月 20 日　第 1 刷発行
● 2019 年 3 月 30 日　第 2 刷発行

編　著————新野守広・飯田道子・梅田紅子

発行所————株式会社 高文研
　　　　　　　東京都千代田区猿楽町 2-1-8　〒 101-0064
　　　　　　　TEL 03-3295-3415　振替 00160-6-18956
　　　　　　　http://www.koubunken.co.jp

印刷・製本／精文堂印刷株式会社

★乱丁・落丁本は送料当社負担にてお取替えいたします。

ISBN978-4-87498-633-2 C0036